KB120648

대담하게 사는 데 필요한 **46가지 문장의 기술**

"소심해도 괜찮아"

가와카미 데쓰야 **저** | 최서희 **역**

YoungJin.com **Y.**
영진닷컴

대담하게 사는 데 필요한 **46**가지 문장의 기술

"소심해도 괜찮아"

OKUBYO NEKO NO BUNSHO KYOUSHITU
Copyright © 2020 by Tetsuya Kawakami
Korean translation rights arranged with SB Creative Corp., Toyko
through Korea Copyright Center Inc., Seoul.

이 책은 ㈜한국저작권센터(KCC)를 통한 저작권자와의 독점계약으로 ㈜영진닷컴에서 출간되었습니다.
저작권법에 의해 한국 내에서 보호를 받는 저작물이므로 무단전재와 복제를 금합니다.

초판 1판 1쇄 2021년 5월 27일

ISBN : 978-89-314-6344-6

발행인 : 김길수
발행처 : ㈜영진닷컴
이메일 : support@youngjin.com
주　소 : (우)08507 서울시 금천구 가산디지털1로 128 STX-V타워 4층 401호
등　록 : 2007. 4. 27. 제16-4189호

STAFF
저자 가와카미 데쓰야 | **역자** 최서희 | **총괄** 김태경 | **기획** 차바울
표지디자인 김효정 | **내지디자인** 이주은 | **편집** 이주은, 김하림
영업 박준용, 임용수, 김도현 | **마케팅** 이승희, 김근주, 조민영, 김예진,
이은정, 김민지, 채승희 **제작** 황장협 | **인쇄** 제이엠

등장인물 소개

30세 나소심 씨 "소심한 건 약점인 걸까?"

이름대로 마음이 여리고 약해 벌레 한 마리도 죽이지 못하는 소심 씨. 다른 사람이 불편해할까 봐 업무상 요청·부탁·명령을 하기도 망설이고, 우물쭈물 설득력 있게 주장을 하지도 못해요. 또, 인간관계에서는 약속이 잊히거나 뒷전이 될 때가 종종 있어 '무시를 당하고 있다'고 느끼는 거 같아요. 소심 씨를 보면 소심하다는 게 엄청난 약점인 것 같은데……

자신만만 고양이 "소심하단 건 그냥 소심한 것일 뿐."

한때 소심하기로 유명했던 고양이. 손해만 보는 게 싫어서 사회심리학·행동경제학·인지신경과학 등 다양한 행동과학 분야를 공부했더니 자신만만해질 수 있었다고 하네요? 아무래도 자신의 옛 모습 같은 소심 씨를 돕고 싶다고 합니다. "나도 참 착한 고양이라니까…" (사실은 여전히 소심하다던데요?)

하고 싶은 말을 하지 못해서 속상했던 적 있으실 거예요. 얕잡아 보인다거나 무시당하고 있다는 느낌이 드는데도 아무 말 못 했던 순간들이 있죠. 이 책은 그럴 때 자기주장을 말할 수 없는 소심한 사람을 위해서, 얼굴을 맞대지 않고서도 '문장의 힘으로 YES를 얻어내는 방법'을 알려드립니다. '그런 게 정말 가능하다고?' 네, 물론입니다!

말에는 입말과 글말이 있는데, 입말은 말하는 사람의 성격에 영향을 받습니다. 아무리 좋은 말이라도 말을 할 때 우물쭈물한다면 설득력이 없어져 버리죠. 반면에 글말은 익명인 상태에서 사용할 때도 많고, ID를 사용해도 어지간한 유명인이 아닌 이상에야 글쓴이의 성격에 의존하지 않습니다. 즉, 문장만으로 판단 받는단 겁니다.

하지만 애초에 이 책을 집은 독자님들은 말이 아니라 글이어도 강압적인 말투를 좋아하진 않을 거라고 생각합니다. 상대방을 속이거나 조종하는 방법도 마찬가지겠죠.

그래서 이 책은 억지로 주장을 밀어붙이지도 않고, 상대를 속이거나 조종하지도 않는 방법으로 상대방의 마음을 바꾸는 기술을 소개합니다. 그야말로 소심한 사람에게 딱 맞는 기술이죠.

이솝 우화 〈북풍과 태양〉에서 날을 덥게 만들어 겉옷을 벗게 만든 태양의 작전처럼, 안고 계신 다양한 고민을 효과적으로 해결할 수 있도록 도와드리겠습니다.

소개하는 기술들은 사회심리학, 행동경제학, 인지신경과학 등 행동과학 분야의 연구를 바탕으로 합니다. 유명하고 임팩트 강한 실험뿐만 아니라, 새로운 정보도 넣고자 노력했습니다. 모든 기술이 겁쟁이 고양이가 자신의 약점을 극복하기 위해 고안한 **약자를 위한 문장 기술**이니, 일상의 커뮤니케이션에 유용하게 사용해보세요.

상상해보세요. 이 기술들을 자유로이 활용하는 당신의 모습을. 억지 주장을 펼치지 않고서도, 내가 원하는 선택지를 상대방이 알아서 선택하는 모습을! **유연함으로 강함을 제압하는 힘**을 손에 넣는 것입니다.

이제까지 어떻게 써야 하나 고통스럽기만 했던 '문장을 쓰는 행위'가 즐거워질뿐더러, 최대 무기가 될 수도 있습니다. 꼭 이 기술들을 업무나 일상생활에 적용해 자신만만한 고양이에게 소심 씨도 할 수 있다는 것을 보여줬으면 좋겠습니다.

사실은 소심한 겁쟁이 고양이.

가와카미 데쓰야

목 차

Chapter 1
부담 없이 주장할 수 있는 문장의 기술

Chapter 2
물건이 팔리는 문장의 기술

Chapter 3
생각대로 사람의 마음을 움직이는 문장의 기술

Chapter 4
의미를 제대로
전달하는 문장의 기술

Chapter 5
알아서 납득하게 만드는 문장의 기술

각 학술 논문의 실험 내용은 읽기 쉬움을 우선하여 소개합니다. 실제 논문은 실험 설정 등 복잡한 것이 많지만, 쉬운 이해를 위해 간략화하거나 의역한 부분이 있습니다. 또 이 책에서 설명하는 '효과'들에 붙는 이름에는 저자가 임의로 붙인 것도 있으니 미리 양해를 부탁드립니다. 연구자의 소속이나 직함은 원칙에 따라 논문 집필 당시의 것을 기재했습니다.

Chapter

1

부담 없이
주장할 수 있는
문장의 기술

나소심 씨를 위한
문장 기술

:

재촉하기 싫지만, 해야만 해요
– 사회적 넛지

항상 서류의 제출 기한을
지키지 않는 사람이 있습니다.

재촉하긴 정말 싫어요…….

싫어도 재촉해야만 할 때의
나소심 씨를 위한 문장 기술!

Hallsworth, M., List, J. A., Metcalfe, R. D., & Vlaev, I. (2017), *"The behavioralist as tax collector: Using natural eld experiments to enhance tax compliance"*, Journal of Public Economics, 148, pp.14-31.

Martin. S. (2012), *"98% of HBR readers loves this article"*, Harvard Business Review.

사회적 넛지를 사용해
원하는 방향으로 유도할 수 있다

넛지nudge란 주의나 신호를 주기 위해 팔꿈치로 사람을 살짝 찌른다라는 의미의 영어인데, 행동경제학자인 리처드 탈러 연구진에 의해 **강력하게 주장하지 않고 더 좋은 선택을 깨우치도록 유도하는 방법**을 의미하는 행동경제학 용어가 되었습니다.

2008년, 영국에서는 세금 미납자가 많아 어려움을 겪었는데, 국세청에서 독촉장을 보내도 회수되는 미납금이 겨우 57%에 불과했습니다. 해결책을 모색하던 국세청은 사회심리학자들과 상담하여 독촉장에 어떤 한 마디를 덧붙였습니다. 어떻게 되었을까요? 단 하나의 문구를 추가한 것만으로 회수율이 **86%**로 올랐습니다. 국세청은 즉시 그 방법을 영국 전역으로 확산시켰습니다. 그러자 회수된 체납금이 전년 대비 무려 56억 파운드(약 8조 1,250억)나 많아졌습니다. 바로 이 문장이었습니다.

'대다수의 영국 국민은 세금을 납부하고 있습니다.'

'그렇게 간단하다고요? 믿을 수 없어요!'라고 생각할 만큼 단순하지만, 이것이 바로 **넛지**를 사용한 문장의 기술입니다. 인간은 대다수의 사람이 하는 일을 **규범**이라 생각하는 경향이 있으며, 그러한 규범에 따르지 않을 때 거북함을 느낍니다. 이렇게 **많은 사람이 취하는 경향**을 이용한 유도를 **사회적 넛지**라고 합니다.

여기서는 '대다수 사람이 납부한다'라는 **사회적 넛지**를 사용해 미납부자가 '나도 세금을 내야겠다'라고 생각하게 만든 것입니다.

이후 이 사례는 영국 정부 직속의 **행동 인사이트 팀**BIT에 인계되어 독촉장의 문구를 더욱 세세하게 바꾸었을 때 납부율이 어떻게 변화하는지 조사했습니다. 그 결과, 국민 대부분이 세금을 납부하고 있다는 문구에 '당신은 극소수에 속합니다.'라는 강조문을 추가하면 효과가 더욱 좋다고 밝혀졌습니다.

🐑 나소심 씨, 이렇게 활용해보면 어떨까요?

누구나 하기 싫은 일이지만, 의외로 해야만 할 때도 많은 일이 재촉하기입니다. 이럴 때 사회적 넛지를 활용해보면 어떨까요? '당신은 소수파입니다.'라고 전달하는 것만으로 크게 마음 쓰지 않고 회수율을 높일 수 있을 겁니다. 예를 들어 마감 2일 전 메일에는 이런 문장을 넣어 은근슬쩍 재촉하는 거예요. 분명 서둘러 제출할 겁니다.

"모레, 4월 23일 제출 마감인 서류는 95%가 이미 제출해주셨습니다. 감사합니다. 아직 제출하지 않으신 분은 서둘러 주십시오!"

나소심 씨를 위한
문장 기술

⋮

번거로운 일을 부탁해야 해요
– 포스트잇 효과

────────────────────

번거로운 부탁을 해야 해서
마음이 편치 않습니다.

조금이나마 기분 좋게
수락하게 만드는 방법은 없을까요?

기분 나쁘지 않게 부탁을 하고 싶은
나소심 씨를 위한 문장 기술!

Hogan. K. (2015), *"The Surprising Persuasiveness of a Sticky Note"*, Harvard Business Review.

Garner. R. (2005), *"Post-It Note Persuasion: A Sticky Influence"*, Journal of Consumer Psychology, 15(3), pp230–237.

포스트잇을 사용하면
깔끔하게 OK를 얻을 수 있다

작은 **수고**가 커다란 효과를 불러오기도 합니다. 미국 샘휴스턴 주립대학의 랜디 가너 교수는 무언가를 부탁할 때 **포스트잇에 손 글씨로 감사의 메시지를 쓰기만** 해도 큰 효과를 거둔다는 것을 실험으로 증명했습니다. 이 실험은 학내 교수들에게 지루하고 번잡한 설문조사를 다음 세 가지 패턴으로 부탁하는 것이었습니다. 설문조사의 내용은 모두 같았습니다.

패턴 ① 의뢰문과 설문조사 용지만으로 부탁한다.
패턴 ② 의뢰문 오른쪽 위에 '조금 시간이 걸리겠지만, 설문조사에 협력 부탁드립니다. 감사합니다!'라고 손글씨로 써서 의뢰한다.
패턴 ③ 의뢰문과 설문조사 용지에 ②와 동일한 문장을 손글씨로 쓴 포스트잇을 붙인 뒤 의뢰한다.

회수율에 어떤 차이가 있었을까요? 결과는……

① 36%가 설문조사를 제출
② 48%가 설문조사를 제출
③ 76%가 설문조사를 제출

포스트잇에 손글씨로 부탁이나 감사의 메시지를 쓰기만 해도 무려 두 배 이상의 회수율을 보였습니다. 의뢰문에 손글씨로 같은 문장을 써도 회수율이 약 10%밖에 증가하지 않았는데, 포스트잇을 붙였다는 것만으로 두 배 이상의 회수율이라니, 포스트잇의 효과가 무섭습니다. 패턴 ③에서는 회수율이 높을 뿐 아니라 더 빠르고 자세하고 정중한 답변이 이루어졌다고 합니다.

이러한 놀라운 효과가 나타난 이유로 두 가지 요소가 있다고 합니다. 먼저, **① 포스트잇이 눈에 띄었다는 점**, 그리고 **② 포스트잇이 개인적인 메시지로 느껴진다는 점**입니다. 이로써 교수들은 자신이 '특별한 의뢰를 받았다'라는 인상을 받은 것입니다. 포스트잇에 메시지를 써서 붙이는 일은 그렇게 번거롭지 않습니다. 그러나 받는 쪽은 보내는 사람의 수고와 배려를 느껴 마음이 움직인 것입니다.

나소심 씨, 이렇게 활용해보면 어떨까요?

강하게 밀어붙이지 못하는 나소심 씨에게는 이 기술이 딱 알맞습니다. 귀찮을 수 있는 일을 부탁할 때는 '번거로우시겠지만, 꼭 부탁드립니다!'라고 배려나 친밀감을 느끼게 하는 문장을 사용하는 게 좋을 것 같네요. 포스트잇을 사용하는 것도 잊지 마시고요! 전자메일이라면 추신에 적으면 효과가 있지 않을까요? 오늘부터 당장 시도해보세요!

나소심 씨를 위한
문장 기술

⋮

기획서에 이것저것 써버렸어요
– 3의 마력 효과

알아주지 않을 거 같아서

기획서에 어필 포인트를

모조리 집어 넣었습니다.

괜찮겠죠…?

기획서에 이것저것 모두 집어넣고 싶은

나소심 씨를 위한 문장 기술!

Shu, S. B., & Carlson, K. A. (2014), *"When three charms but four alarms: Identifying the optimal number of claims in persuasion settings"*, Journal of Marketing, 78(1), pp127–139.

3의 마력 효과로 흥미를
유발하는 기획서를 작성할 수 있다

어필 포인트가 아주 많을 때, 기획서에 몇 개까지 넣는 것이 좋을까요? 정치가의 공약에는 이것저것 많은 항목이 나열되어 있는데, 과연 효과가 있을까요?

캘리포니아대학 로스앤젤레스 캠퍼스의 수잔 슈 준교수 연구진은 소비자에게 가장 긍정적인 인상을 주는 어필 포인트의 수가 몇 개인지를 조사하는 실험을 했습니다. 이 실험의 참가자는 **아침 식사용 시리얼, 레스토랑, 샴푸, 아이스크림 가게, 정치가**라는 다른 상품(사람)의 광고문을 읽도록 했습니다. 광고는 어필 포인트가 한 개밖에 없는 것부터 최대 여섯 개 있는 것까지 여섯 종류였습니다. 여섯 개의 모든 어필 포인트가 들어간다면, '머리카락을 아름답고, 튼튼하게, 건강하며, 부드럽게, 윤기 있고, 풍성하게'라는 겁니다. 하나뿐일 때는 이 중에서 한 개만 어필하는 형태입니다. 결과는 어땠을까요?

실험 결과, **세 가지 어필 포인트가 들어간 광고가 특히 긍정적인 평가를 얻었습니다.** 어필 포인트 세 개까지는 그 수에 비례하여 긍정적인 평가가 높아지고, 네 개 이상이 되면 반대로 낮아진다는 결과가 나온 것입니다.

구매자에게는 어필 포인트가 하나라도 많은 쪽이 이점일 것 같지만, 네 개 이상의 메리트가 제시되면 의심하는 마음이 싹 트기 때문인지 평가가 낮아집니다. 논문 제목에도 나와 있듯이

'세 개는 사람을 모으지만 네 개는 경계하게 한다Three Charms but Four Alarms'라는 것입니다.

🌐 나소심 씨, 이렇게 활용해보면 어떨까요?

하나라도 많이 어필해야 인상에 남을 줄 알았는데…. 인간의 마음은 신기합니다. 3이라는 숫자는 어쩐지 마력이 있는 것 같습니다. '3가지로 요약하라'는 등 많은 곳에서 3을 강조합니다. 마침 어필 포인트를 3개 나열하면 일종의 리듬감도 생깁니다. 일본의 규동 체인점인 요시노야의 광고 문구인 '맛있다, 싸다, 빠르다'가 그런 유형입니다. 재밌는 사실은 광고 문구의 단어 순서가 시대에 따라 변해왔다는 겁니다.

90년대 전반까지 '빠르다, 맛있다, 싸다'
90년대 중반부터 '맛있다, 빠르다, 싸다'
00년대 중반부터 '맛있다, 싸다, 빠르다'

그 시대에 요시노야가 중요하게 생각한 세일즈 포인트를 드러낸 것입니다. 모든 장점을 다 적고 싶겠지만, 나소심 씨도 포인트를 3개로 좁혀서 강한 순으로 나열해보세요. 분명 기획안이 통과할 겁니다.

나소심 씨를 위한
문장 기술

⋮

규칙을 어겨도 싫은 소린 못해요
– 긍정적 피드백 효과

규칙을 어기는 사람이 있어도

싫은 소리는 하지 못해 곤란합니다.

'주의' 포스터를 붙여도

전혀 효과가 없어요….

규칙을 어기는 사람들도

규칙을 지키도록 만드는

나소심 씨를 위한 문장 기술!

Armellino, D., Trivedi, M., Law, I., Singh, N., Schilling, M. E., Hussain, E., and Farber, B. (2013), *"Replicating changes in hand hygiene in a surgical intensive care unit with remote video auditing and feedback"*, American Journal of Infection Control, 41(10), pp925-927.

Sharot. T. (2017), 『The Influential Mind: What the Brain Reveals About Our Power to Change Others』, Henry Holt & Co (탈리 샤롯 저, 『최강의 영향력』 안진환 역, 한국경제신문사, 2019.)

긍정적 피드백을
사용하면 규칙을 잘 지킨다

요 몇 년, 일본에는 '바이트 테러'라는 말이 생겼습니다. 아르바이트생이 근무처의 상품으로 악질적인 장난을 치는 행위를 촬영하여 SNS에 올리는 것을 말합니다. 그 결과, SNS에서 그 기업에 비난이 쇄도하고 있다는 뉴스도 있었습니다. 공장이나 점포에서 **종업원이 제대로 규칙을 지키도록 하는 것은 의외로 어려운 일입니다.** (편집자 주: 국내에서도 COVID-19로 마스크 부족을 겪을 때, 마스크 공장의 아르바이트생이 비위생적으로 마스크를 관리하는 SNS 영상을 업로드하여 뉴스에 소개된 바 있습니다.)

미국에서는 병원 직원의 손 세정률 저하가 문제였습니다. 여기서 소개하는 연구는 미국 뉴욕주 노스쇼어 대학병원의 직원이 **감염병 예방을 위한 손 씻기**를 철저히 하게 하고자 거액의 예산을 들여 시행한 것입니다.

돈나 아멜리노 박사 연구진의 이 연구는 중환자실ICU에서 시행되었습니다. ICU에는 방마다 세면대가 있고, 젤 형태의 소독제와 '손 세정을 잊지 마세요.'라는 주의사항도 붙어있습니다. 그러나 준수율은 놀라울 정도로 낮았습니다.

세면대 가까이에 총 21대의 감시 카메라를 설치하는 것으로 실험이 시작됩니다. 이를 20명의 감시원이 24시간 동안 모니터로 지켜봅니다. 감시 카메라를 숨겨둔 건 아니어서 의사와 간호사 등 직원들도 그 존재를 알고 있었음에도 결과는 참혹했습니다.

약 4개월에 걸친 조사로 손 세정률은 10% 미만이라는 것이 밝혀졌습니다.

그래서 연구진은 다른 방법을 강구했는데, 직원들의 행동에 **즉각적인 피드백**을 하는 것이었습니다. 방마다 전광판을 설치해 '현재 손 세정 준수율'을 표시해 가시화했습니다. 의사나 간호사 등 직원이 손을 씻을 때마다 그 수치가 올라가며, 손을 씻은 사람에게는 '참 잘했어요!' 등의 호의적인 문장을 게시했습니다. 이 정책으로 극적인 변화가 있었습니다. 약 4개월의 조사 기간 동안 손 세정률이 **81.6%**로 올랐고, 그 후 약 1년 반 동안 **87.9%**까지 상승했다고 합니다.

손 세정률이 이렇게까지 좋아진 이유가 뭘까요? 각자 취한 **올바른 행동이 그 자리에서 '가시화'**되며, 그 즉시 긍정적인 피드백이 이루어졌기 때문입니다. 그 결과로 이 병원에서는 손 세정이 습관화되어 이후로도 높은 준수율을 유지했습니다.

🦉 나소심 씨, 이렇게 활용해보면 어떨까요?

싫은 말 못 하는 나소심 씨에게는 싫은 말 할 필요가 없는 상황이 최고이겠죠? 모두가 규칙을 지키게 하려면, 주의사항만 고지하는 포스터는 별다른 소용이 없을 수 있어요. 그것보다는 규칙을 지키는 사람에게 초점을 맞춰서 **'대단해요!'**, **'잘했어요!'**, **'역시네요!'**라는 긍정적인 문자를 눈에 띄게 하면 분명 효과가 있을 겁니다. 어린이나 학생이 규칙을 지키게 하고 싶을 때도 똑같습니다. 칭찬은 고래도 춤추게 만든다니, 여러 가지로 응용할 수 있는 기술이죠.

어필하고 싶어도 할 게 없어요
- 장래성 과대평가

이직 면접의 상황,

자기 어필을 하고 싶은데

이렇다 할 실적이 없어서

이력서에 쓸 내용이 없습니다…….

어떻게 하죠?

어필하고 싶어도

어필할 게 없는

나소심 씨를 위한 문장 기술!

‘나는
유망주에요’

Tormala, Z. L., Jia, J. S., & Norton, M. I. (2012), *"The preference for potential"*, Journal of Personality and Social Psychology, 103(4), pp567–583.

장래성 과대평가를
사용하면 어필할 수 있다

　스탠퍼드대학의 토말라 박사 연구진은 인간이 타인을 평가할 때 **실적과 장래성** 중 어느 쪽을 중시하는지 조사했습니다. 연구에서는 '대기업 임원에 지원했다'라는 설정으로 학력 등이 동일한 두 인물을 피험자로 삼아, 그들의 2~5년 후 활약을 예상했습니다. 물론 얼굴 등 외면적인 정보는 배제했습니다.

　A　관련 분야 실무 경험 2년, '리더십 달성도 테스트' 92점
　B　관련 분야 실무 경험 없음, '리더십 장래도 테스트' 92점

　이 두 사람이 2~5년 후, 리더로서 얼마나 활약할 수 있을까요? 당신이라면 어느 쪽을 선택할 건가요? 아마 실무 경험이 있는 A 씨를 선택할 겁니다. 그러나 이 연구에서는 반대의 결과가 나왔습니다. B 씨를 높게 평가하는 사람이 많았습니다. 경험치로는 압도적으로 A 씨가 뛰어난데도 의외로 **실적보다 장래성을 중시한 사람이 많았다**는 겁니다. 그 이유에 관해서 토말라 박사 연구진은 '과거의 실적은 이미 일어나 변하지 않는 일이지만, 장래성은 불확실해도 가능성에 대한 기대감 덕분에 흥미를 불러일으키기 쉬울 것이다.'라고 판단합니다. 이는 뮤지션, 배우, 운동선수 등을 봐도 이해할 수 있습니다. 지금은 아직 실적이 없어도 **장래성**이라는 요소가 있다면, 그 기대감에 인간은 강하게 끌립니다.

다만 **근거**가 될만한 정보가 있느냐 없느냐에 따라 기대감이 크게 달라집니다. 이 연구에서도 '리더십 장래도 테스트 결과가 좋다'라는 정보가 있기 때문에 B 씨에 대한 평가가 높은 것입니다. 물론 '경험이나 실적은 상관없다'라는 말이 아니며, 이 연구에서도 '지금 바로 활약할 것 같은 사람은 누구입니까?'라는 질문이었다면 분명 A 씨가 높은 평가를 받았을 겁니다.

🐦 나소심 씨, 이렇게 활용해보면 어떨까요?

처음부터 실적이란 걸 가질 수 있을 리가요. 그러니 실적이 없을 때는 **장래성**을 어필해봅시다. 의외로 **장래성**을 높이 평가하는 사람이 많다고 하니, 이거라도 이력서에 써 보죠. 내가 그 직무를 담당한다면 어떤 장래성이 있는지를 글로 풀어 쓰는 것이죠. 비록 실적이 없어도 흥미를 느끼지 않을까요?

너무 뻔뻔한 거 아니냐구요? 그렇다면 누군가에게 추천사를 써 달라고 하는 것도 방법이 될 거에요. 장래성에 초점을 맞춰 써달라는 게 좋겠죠.

나소심 씨를 위한
문장 기술

:

내용을 잊지 않았으면 좋겠어요
– 망각 역설 효과

잊으면 안 되는

내용도 쉽게 잊어버리는

사람들이 있어요.

그럴 때도

뭐라고 말하진 못하지만…….

잊지 않았으면 하는 내용을

잊히지 않게 만드는

나소심 씨를 위한 문장 기술!

'잊어
버리세요!'

Cimbalo, R. S. Measer, K. M & Ferriter. K. A. (2003), *"Effects of directions to remember or to forget on the short-term recognition memory of simultaneously presented words"*, Psychological Reports 92, pp735-743.

Edwards, K. & Bryan T. S. (1997), *"Judgmental Biases Produced by Instructions to Disregard: The (Paradoxical) Case of Emotional Information"*, Personality and Social Psychology Bulletin, 23, pp849-864.

망각 역설 효과로
잊지 않게 만들 수 있다

잊지 않았으면 하는 내용을 전할 때 '잊지 마세요!'라고들 말합니다. 그러나 오히려 '잊어도 됩니다!'라고 목적과 반대하는 의미로 인식시키는 방법이 효과적이라는 것을 뉴욕 데이먼대학의 심리학자인 리처드 심바로의 연구진이 기억에 관한 실험으로 증명했습니다.

심바로 연구진은 대학생들에게 60개의 단어를 외우게 하고, 학생 절반에게는 '절대 잊어버려서는 안 된다.'라고 이야기해 압박감을 주었습니다. 그리고 나머지 절반의 학생에게는 '잊어버려도 괜찮다.'라고 말해 편안한 태도로 임하게 했습니다. 어느 그룹의 학생이 높은 성적을 얻었을까요?

결과는 '잊어버려도 괜찮다.'라는 말을 들은 그룹이 4% 이상 성적이 높았습니다. 즉, 정말 기억했으면 하는 것은 '잊어버려도 괜찮다'라고 말하면 기억에 남을 가능성이 좀 더 크다는 것입니다. 너무 미비한 것 같나요?

다른 연구도 있습니다. 미국 브라운대학의 에드워드 박사 연구진은 가상의 '강도살인 재판 기록'을 대학생들에게 읽게 하고 "만약 당신이 재판관이라면 어떤 판결을 내리겠습니까?"라고 묻는 실험을 했습니다. 범행이 잔혹해서 감정적이지 않을 수 없는 내용이었습니다. 연구진은 이를 약 절반의 학생에게는 아무 말도 하지 않고 그대로 읽게 하고, 남은 학생에게는 "문장의 감정적인 부분은 무시하세요."라고 이야기했습니다. 그러자 역시 신기한 결과가 나왔습니다. 무시하도록 강조한 후자의 그룹이 아무것도 듣지 못한 그룹보다 큰 폭으로 엄중한 판결을 내린 것입니다. 즉, '감정적인 부분은 무시하세요.'라는 말을 들었기 때문에 오히려 감정적인 부분에 끌려갔다는 겁니다.

두 가지 연구에서 알 수 있는 점은 '잊으세요', '무시하세요', '잡담인데요…' 등의 말을 서두에 사용하면 그 말에 영향을 받기 쉽다는 겁니다. 이것이 **망각 역설 효과**입니다. 인간의 심리는 신기하죠. 학창 시절, 수업 내용보다도 선생님의 잡담이 기억에 남지 않나요?

🐱 나소심 씨, 이렇게 활용해보면 어떨까요?

'잊지 마세요'라고 계속 강조하는 것도 부담스러운 일입니다. 그럴 때 **망각의 역설** 기술을 활용하는 거예요. 정말 기억했으면 싶은 내용이라면, 문장의 서두에 아래 문구를 넣어보세요.

'중요한 건 아닌데요…'
'잊으셔도 괜찮습니다.'

매번 '잊지 마라, 중요하다.'라는 문장만 써왔으니, 상대방은 오히려 잊지 않을 수 있을 거예요. 하지만 뭐, 이런 기술도 중요한 건 아니니 잊어버려도 괜찮아요.

나소심 씨를 위한
문장 기술

:

딱 잘라 말할 수 없어요
– 애매한 피드백 효과

딱 잘라 말하는 게 좋겠지만,

어떤 일이든 이해관계가 얽혀 있으니

쉽사리 '이게 좋아!'라고

말할 수 없을 때가 있어요.

딱 잘라 말할 수 없는

나소심 씨를 위한 문장 기술!

'애매한
피드백!'

Brecher, E. G., & Hantula, D. A. (2005), *"Equivocality and escalation: A replication and preliminary examination of frustration"*, Journal of Applied Social Psychology, 35(12), pp2606–2619.

Karmarkar, U. R., & Tormala, Z. L. (2010), *"Believe Me, I Have No Idea What I'm Talking About: The Effects of Source Certainty on Consumer Involvement and Persuasion"*, Journal of Consumer Research, 36(6), pp1033-1049.

애매한 피드백으로 딱 잘라
말하지 않아도 신용을 얻는다

투자를 받는 경우를 상상해볼까요. 투자자들에게는 자신만만하게 '정말 좋은 상품이에요.', '반드시 잘 될 겁니다.'라고 말하는 게 효과가 있을 것 같습니다. 그러나 미국 뉴저지대학의 에린 브레처 박사 연구진에 따르면 반드시 그렇지도 않다는 것이 증명되었습니다.

브레처 박사 연구진은 운동화 광고 예산을 투자하는 회의에서 문장 표현에 따라 투자 금액이 어떻게 달라지는지를 조사했습니다. 그 결과, '반드시 성공할 것이니 광고 예산을 더 투입합시다.'라고 단언하는 것보다 '광고는 효과가 있을 때도 없을 때도 있어서, 효과를 장담할 수는 없습니다.'라고 애매한 표현을 사용했을 때가 투자액이 많다는 것을 밝혔습니다. 특히 당신이 어떤 분야의 전문가라면 **단정하기**보다는 '확신을 가질 수 없다'라고 말하는 편이 공감을 불러일으킬 가능성이 큽니다. 그것을 증명한 것이 다음의 연구입니다.

캘리포니아대학 샌디에이고 캠퍼스의 카마카 준교수 연구진은 가상의 레스토랑에 관한 두 종류의 리뷰를 보여주고 각각 어떠한 인상을 받았는지 조사했습니다.

① 저녁을 먹었는데, 이 가게는 최고라고 자신 있게 단언합니다.
② 한 번밖에 가보지 않아 확인하기 어렵지만, 지금으로서는 최고의 가게라고 생각합니다.

그리고 이 리뷰들이 유명한 요리평론가가 쓴 것이라고 알렸을 때, 리뷰 ②가 더 큰 영향을 미친다는 것을 알아냈습니다. 즉, 전문가는 반드시 자신만만한 문장만이 설득력을 높이는 것이 아니라, 오히려 애매한 표현을 사용했을 때 공감할 가능성도 있다는 것입니다.

🙂 나소심 씨, 이렇게 활용해보면 어떨까요?

뭐든지 장점이 있으면 단점도 있기 마련입니다. 그래서 딱 잘라 말하기가 힘든 것이죠. 딱 잘라 말하고 싶은 나소심 씨의 마음도 아주 잘 알지만, 위 실험에서 알 수 있듯이 확신이 없으면 사실을 그대로 정직하게 전달하는 편이 신뢰를 얻을 수 있는 또 다른 방법입니다. 주의할 점은 주변이 당신을 신뢰하고 있는 경우에만 효과가 있다는 것! 리뷰를 쓴 사람이 무명의 블로거라고 알렸을 때는 오히려 줏대 없는 문장이라며 낮은 평가를 받았습니다. 그러니 나소심 씨가 이 문장의 기술을 사용하려면, 먼저 사람들의 신뢰를 얻는 게 중요하겠죠?

나소심 씨를 위한
문장 기술

:

예약부도 no-show 를 줄이고 싶어요
- 커미트먼트 효과

예약이 취소되는 일이
많아서 곤란합니다.

그렇다고 고객에게
불만을 말할 수도 없는데,
no-show를 줄이는 방법 없을까요?

예약하고서 오지 않는
no-show를 줄이고 싶은
나소심 씨를 위한 문장 기술!

Martin SJ, Bassi S, Dunbar-Rees R. (2012), *"Commitments, norms and custard creams: a social influence approach to reducing did not attends (DNAs)"*, Journal of the Royal Society of Medicine 2012, 105(3), pp101-104.

능동적인 커미트먼트 효과로
예약 부도 no-show 를 줄일 수 있다

예약하고서 방문하지 않는 문제는 의료기관, 음식점, 미용실 등 다양한 업종에서 큰 사회적 손실을 불러오고 있습니다. 영국의 국영 보험센터는 환자의 예약 취소로 인한 손실이 연간 8억 파운드(약 1조 1,570억 원)나 된다고 합니다. 이런 손실을 줄이기 위해 런던에 위치한 세계적 컨설팅 기업인 '인플루언스앳워크'의 스티브 마틴과 의사 및 연구진이 사회심리학 지식을 바탕으로 몇 군데의 보험센터와 예약 부도를 줄이는 실험을 했습니다.

첫 실험은 예약 일시를 정하는 전화에서, **전화를 끊기 전에 환자 스스로 일시를 말하게 했습니다.** 겨우 이 행동만으로도 예약 취소가 약 3% 줄어들었습니다.

3%라니 적은 것 같지만 총 손실액이 크므로 이를 환산하면 약 2,400만 파운드(약 350억 원)라서 결코 적은 게 아닙니다. 개선을 위한 투입 비용이 제로임을 생각하면 더더욱 말이죠.

다음으로는 창구에서 예약할 때, **다음 예약 일시를 환자 본인이 직접 쓰도록** 변경했습니다(이전에는 직원이 진찰권에 적었습니다). 이 효과는 아주 놀라웠습니다. 이전 6개월과 비교해 취소가 무려 18%나 줄어든 것입니다. 전체 손실에서 환산하면, 약 1억 4,400만 파운드(약 2,080억 원)입니다! 역시 이를 위해 투입한 **비용은 제로**입니다.

이런 결과가 나타난 이유를 **커미트먼트** commitment 에서 찾고 있습니다. 커미트먼트란 '책임을 지고 관계를 맺는다'라는 의미입니다. 즉, 이러한 결과가 나온 이유가 환자 본인이 능동적으로 약속을 **커미트**했기 때문이라는 겁니다. 인간에게는 자신이 능동적으로 '하겠다, 어기지 않겠다' 약속한 일은 가능한 한 지키려는 **일관성의 원리**가 있습니다.

🙂 나소심 씨, 이렇게 활용해보면 어떨까요?

나소심 씨가 메일로 예약을 받는 일을 하고 있다면, 회신에 이런 문장을 추가해보세요.

'번거로우시겠지만, 예약을 취소하실 때는 꼭 연락을 부탁드립니다.'

그리고 고객에게서 '네'라는 커미트먼트 답변을 받아야만 예약이 완료되는 방식을 취하는 거예요. 인터넷 예약도 동일합니다. 예약 시 예약 정보를 입력하게 한다면

☐ **번거로우시겠지만, 예약 취소 시에는 연락을 주셨으면 합니다.**

이렇게 커미트먼트를 촉구하는 문장이 나오도록 한 뒤, 여기에 체크하지 않으면 예약이 완료되지 않도록 하는 겁니다.

⋮

거절을 당하고 말았어요
– 반복 효과

부탁을 거절당했습니다.

포기할 수밖에 없겠죠……?

거절도 승낙으로 바꾸는,

나소심 씨를 위한 문장 기술!

'반복의 힘!'

Renner, B. (2004), *"Biased reasoning: adaptive responses to health risk feedback"*, Personality and Social Psychology Bulletin, 30(3), pp384-96.

Stephens, K. K., & Rains, S. A. (2011), *"Information and communication technology sequences and message repetition in interpersonal interaction"*, Communication Research, 38(1), pp101–122.

반복 효과를 사용하면
거절도 승낙이 된다

상대방에게 무언가 부탁할 때, 예스라는 답변을 얻지 못할 수 있습니다. 그럴 땐 어떻게 하시나요? 대부분은 그대로 포기합니다. 하지만 거절당해도 포기하지 않고 한 번 더 부탁하면, 의외로 쉽게 승낙을 얻어낼 수도 있습니다.

독일 그라이프스발트대학의 레너 교수는 중년 남성 약 600명을 대상으로 가짜 건강검진 결과를 믿는지 실험을 했습니다. 건강검진을 2회 실시했고, 수치는 적당히 할당했습니다. A그룹의 피험자에게는 1회차와 2회차를 거의 비슷한 수치로, B그룹의 피험자에게는 2회차를 전혀 다른 수치로 알려주었습니다. 어떻게 되었을까요? A그룹 피험자 대부분은 '이 검사는 믿을 수 있다'라고 대답했습니다. 반대로 B그룹의 피험자 대부분은 '이 검사를 믿을 수 없다'라고 대답했습니다. 엉터리 수치라 해도 두 번 반복되면 믿게 되는 겁니다.

한 번 부탁해서 들어주지 않을 때, **다른 수단으로 한 번 더 부탁하는 방법을 추천합니다.** 예를 들어 직접 얼굴을 마주하고서 부탁을 거절당했다면, 다음에는 메일을 보내는 겁니다. 메일로 부탁해서 거절당했다면 전화로 부탁하는 거고요. 미국 텍사스대학 오스틴 캠퍼스의 켈리 스티븐스 박사 연구진은 다른 수단으로 다시 부탁하면 의뢰 승인 확률이 오른다는 것을 실험으로 증명했습니다. 148명의 대학생을 대상으로 '대학의 취업 지원 서비스 참가'

를 부탁하는 실험을 했을 때, 대면으로 1회만 부탁받은 사람보다, 조금 시간을 두고 메일로도 같은 부탁을 받은 사람의 승낙 확률이 높았습니다.

나소심 씨, 이렇게 활용해보면 어떨까요?

거절당하면 포기하는 게 보통입니다. 다시 부탁하는 건 그만큼 힘든 일인데, 또 거절당했을 때의 상처가 무척 크기 때문이겠죠. 알죠, 알아. 그 기분. 한 번이라면 몰라도 두 번 거절당하고 아무렇지 않으려면 웬만큼 뻔뻔하지 않고서는 불가능한 일이에요. 하지만 다른 측면으로 생각해 보는 것도 필요한 거 같아요. 거절한 상대가 또 한 번 물어봐주길 기다리고 있을지도 모르잖아요?

대면이나 전화로 거절당했다면 메일이나 메신저로 부탁해보는 것은 어떤가요? 다른 수단으로 시도하면 성공 확률이 올라간다는 걸 떠올립시다. 약간의 용기가 결과를 바꿀 수 있습니다. 그러니까 일단 도전해보면 어떨까요? 힘내세요!

나소심 씨를 위한
문장 기술

10

⋮

설득력 있는 기획서를 쓰고 싶어요
– 목적 개시 효과

설득력이 약한 탓인지

좀처럼 기획안이

받아들여지지 않아요…….

설득력을 높여

기획안을 통과시키는,

나소심 씨를 위한 문장 기술!

Jensen, J. D., King, A. J., & Carcioppolo, N. (2013), *"Driving toward a goal and the goal-gradient hypothesis: The impact of goal proximity on compliance rate, donation size, and fatigue"*, Journal of Applied Social Psychology, 43(9), pp1881-1895.

Langer, E. J., Blank, A., & Chanowitz, B. (1978), *"The mindlessness of ostensibly thoughtful action: The role of "placebic" information in interpersonal interaction"*, Journal of Personality and Social Psychology, 36(6), pp635–642.

목적 개시 효과를
사용하면 부탁을 들어준다

무언가를 제안하거나 의뢰할 때, **명확한 이유**가 있으면 상대방은 예스라고 대답하기 쉽습니다. 다음 두 가지 연구는 입말로 진행된 실험이지만, 기획서나 의뢰문에도 응용할 수 있습니다.

미국 유타대학 커뮤니케이션 학부의 야콥 예센 교수 연구진은 **'목적'이나 '목표'를 제대로 전달하는 것만으로도 주변의 반응이 크게 달라진다**는 사실을 증명했습니다. 연구진은 대학생에게서 기부금을 모으는 실험을 했는데, "우리는 ○○을 위해 500달러를 모금하려고 합니다."라고 목적과 목표를 전하는 팀이 더 많은 금액을 모을 수 있었습니다.

이유나 목적은 꼭 많은 사람이 이해할만한 내용이 아니어도 괜찮습니다. 특히 작은 부탁일 경우에 목적 개시 효과는 더욱 두드러졌습니다. 미국 하버드대학 심리학자인 엘렌 랭어가 1978년에 시행한 유명한 실험이 이를 증명합니다. 복사기 사용 대기 줄의 맨 앞으로 가서 다음 세 가지 방법으로 부탁해보는 실험입니다.

① 다섯 장만 복사하면 되는데, 먼저 복사하게 해주실 수 있나요?
　(요구만 한다)
② 너무 급해서 그러는데, 다섯 장만 먼저 좀 복사할 수 있을까요?
　(이유를 밝힌다)

③ 제가 복사를 해야 해서 그러는데, 다섯 장만 먼저 좀 복사할 수 있을까요? (이유가 되지 않는 이유를 댄다)

이 세 가지 요구에 응해준 사람의 비율은 각각 몇 %였다고 생각하나요? 정답은 다음과 같습니다.

① 60% ② 94% ③ 93%

놀라운 점은 대부분의 사람이 '복사를 해야 해서'라는 이유가 되지 않는 이유에도 끼어들기를 허락했다는 것입니다(모두 복사하기 위해서 줄을 서 있는데 말이죠). 즉, 남에게 부탁할 때는 단순히 "○○을 해주실 수 있나요?"라고 부탁하기보다 "××이므로 ○○해주실 수 있나요?"라고 이유를 붙여 부탁하면 쉽게 들어준다는 것입니다. 단, '복사를 20장 해야 한다.'라는 부탁이라면 실험 결과가 달라집니다.

① 24% ② 42% ③ 24%

즉, 큰 부탁이 되면 그 나름의 제대로 된 이유가 중요해진다는 것입니다.

🧑 나소심 씨, 이렇게 활용해보면 어떨까요?

기획서나 의뢰문을 쓸 때 목적 개시 효과를 사용해보세요. 무엇보다 먼저 글의 목적, 목표, 이유를 확실하게 적는 겁니다. 일단 이유가 거창한 것이 아니라도요. 누군가에게 원고 집필을 부탁하고 싶을 때, 'K 씨의 원고가 읽고 싶어서'라는 이유만으로도 의외로 기분 좋게 승낙해줄지도 모르죠!

Chapter

2

물건이 팔리는
문장의 기술

나소심 씨를 위한
문장 기술

11

⋮

물건을 사라고 말할 수 없어요
- BYAF 법칙

물건을 팔았으면 좋겠는데,

얼굴을 보며

"사세요"라고 말할 수 없어요…….

팔고 싶지만

사라고 말할 수 없는

나소심 씨를 위한 문장 기술!

'선택의
자유를 주어라'

Carpenter, C. J. (2013), *"A meta-analysis of the effectiveness of the "but you are free". compliance-gaining technique"*, Communication Studies, 64, pp6–17.

Guéguen. N. & Pascual A. (2000), *"Evocation of freedom and compliance: The "But you are free of…" technique"*, Current Research in Social Psychology, 5, pp264-270.

But You Are Free^{BYAF}법을
사용하면 사라고 말하지 않아도 산다

"사세요!"라고 얼굴을 보며 말하지 않아도, 자연스럽게 사고 싶게 만드는 엄청난 방법이 있습니다. 바로, 상품 소개 후에 어떤 한마디를 추가하는 것입니다. 도대체 어떤 한마디일까요?

웨스턴 일리노이대학의 크리스토퍼 카펜터 부교수는 42가지 심리학 연구(피험자 22,000명)의 메타 분석(같은 연구 주제를 통합하여 해석하는 통계 방법)을 한 결과, 회의나 교섭 마지막에 '단 한마디'를 덧붙이기만 해도 상대방이 '예스'라고 대답할 확률이 두 배가 된다는 것을 알아냈습니다. 그렇게나 결과가 달라진다니 놀라운 일입니다.

'그렇지만, 당신의 자유입니다But you are free.'

의미만 이런 형식이면 됩니다. 그러니까, 이런 말이어도 괜찮아요.

'그렇지만, 원하는 대로 하세요.'
'그렇지만, 스스로 결정하시면 됩니다.'
'그렇지만, 무엇을 선택하셔도 괜찮습니다.'
'그렇지만, 당신에게 맞는 상품으로 결정하시면 됩니다.'

이 BYAF법은 프랑스 브르타뉴대학의 니콜라 게겐 교수 연구진의 실험으로 증명되었습니다. 연구진은 쇼핑몰에서 기부를 요청하는 실험을 했는데, 이때 평범하게 말을 건 그룹에서는 기부한 사람이 10%에 불과했습니다. 그러나 **'기부하는 것도, 하지 않는 것도 당신의 자유입니다.'**라는 말을 추가한 그룹에서는 무려 47.5%의 사람이 기부했습니다. 거의 5배 가까이 늘어난 셈입니다.

인간은 왜 '선택의 자유'를 얻으면 이다지도 협력적이 되는 걸까요? 이는 인간이 가진 '자율성(자신의 행동을 스스로 결정하고 싶은 성질)' 때문이라고 할 수 있습니다. 인간은 자신이 결정권을 갖고 싶어 하니까요.

🐑 나소심 씨, 이렇게 활용해보면 어떨까요?

But you are free. 좋은 말이에요. 사라고 하는 말이 강요로 느껴지는 나소심 씨라도 이 말을 추가하는 건 어렵지 않겠죠? 영업 메일에서도 죄책감 없이 사용할 수 있을 거예요.

참고로 판매뿐만 아니라 다양한 곳에서 사용할 수 있는 방법이기도 합니다. 예를 들자면……

"○○하지 않으시겠어요? 흥미가 있으시다면요."
"○○에 같이 가시지 않겠어요? 시간이 있으시다면요."

이런 식으로 메신저로 연락해서 누군가를 초대할 때 사용하는 거죠. 어쨌든 요령은 상대방에게 **'선택의 자유=결정권'**이 있다는 것을 알리는 것, 그것뿐이에요. 물론 BYAF법을 사용할지 말지도 나소심 씨 마음이지만.

나소심 씨를 위한
문장 기술

12

⋮

단점이 있는 물건은 팔 수 없어요
– 단점 연계법

좋은 상품이지만 단점도 있습니다.

솔직하게 말하면 팔리지 않겠지만…….

그렇다고 거짓말할 수는 없습니다.

단점이 있는

상품은 팔지 못하는

나소심 씨를 위한 문장 기술!

'단점을
세일즈
포인트로'

Bohner, G., Einwiller, S., Erb, H. P., Siebler, F. (2003), *"When Small Means Comfortable: Relations between Product Attributes in Two-Sided Advertising"*, A Journal of Consumer Psychology, pp454-463.

단점 연계법을 사용하면
단점이 세일즈 포인트로 바뀐다

단점을 장점과 잘 연결할 수만 있다면, 장점만 나열하는 것보다 더 큰 매력 포인트가 되기도 합니다. 독일 빌레펠트대학의 사회심리학자 보너 교수 연구진은 어느 레스토랑에 관한 세 가지 광고를 제작하여 소비자의 평가를 조사했습니다.

① 편안한 분위기의 가게네요(장점만 호소).
② 가게는 편안한 분위기지만, 전용 주차장이 없습니다(장점을 이야기하고 그와 관계없는 단점을 거론한다).
③ 좁은 가게지만, 그만큼 편안한 분위기입니다(단점을 이야기하고 그와 관련된 장점을 거론한다).

그 결과, 가장 평가가 높았던 광고는 ③의 '단점을 장점과 연관 지어 거론한 광고'였습니다. 즉, **단점을 장점과 연관 지어 어필하면 장점만 어필하는 것보다 긍정적 효과가 큽니다.** 이때의 요령은, 누가 봐도 명백한 단점을 인정하고 그와 관련된 메리트나 장점을 이야기하는 겁니다. 여기서 잠깐, 문제를 하나 풀어봅시다.

[문제]

1970년대, 오래된 케첩 브랜드인 '하인츠'는 위기였습니다. 당시 하인츠 케첩은 유리병에 들어 있어서 케첩이 잘 나오지 않는다는 단점이 명확했고, 타사가 그 약점을 공략해서 하인츠의 주가가 급락했습니다. 그러나 하인츠는 한 줄의 광고 문구로 멋지

게 다시 일어섰습니다. 자, 그 광고 문구의 내용이 무엇일까요?

[답]

'하인츠 케첩은 맛이 진해서 병에서 잘 나오지 않습니다.'라는 슬로건으로 광고 캠페인을 벌였습니다.

참 훌륭하죠? 이 하인츠의 캠페인 슬로건도 최대의 약점을 장점과 연관 지음으로써 소비자에게 불편함을 이해시켰다고 할 수 있습니다.

👤 나소심 씨, 이렇게 활용해보면 어떨까요?

어떤 인간이든 장단점이 있듯이 상품도 마찬가지입니다. 나소심 씨는 '단점을 숨기고서 물건을 팔 수는 없다.'라고 생각하는 성실한 사람이죠. 분명 좋은 마음씨입니다. 영업하기는 매우 힘들 테지만요.

하지만 이 연구 결과에서 알 수 있듯이, 단점이라도 장점과 잘 연관 지어서 소개한다면 장점의 매력이 더욱 두드러질 수 있어요. 단점을 숨기지 않아도 되는 거죠. 타사 대비 성능은 좋지만 크기가 큰 상품이 있다면, 이렇게 이야기하는 건 어떨까요?

'우리 회사 제품이 조금 큰 것은 고객님께 도움이 되는 기능을 더 많이 포함하고 있기 때문입니다.'

실제로 고객에게 필요한 건 크기가 아니라 성능일 수 있잖아요? 판매될 가능성이 커질 겁니다.

나소심 씨를 위한
문장 기술

13

⋮

신상품이 팔리지 않아요
- 시즐 워드

새로운 메뉴를 출시했는데

전혀 주문이 들어오지 않습니다.

어떻게 하면 좋을까요?

맛이 없는 걸까요…….

신상품에 욕망을 불어넣는,

나소심 씨를 위한 문장 기술!

'시즐 워드!'

※ **시즐 워드(sizzle word)** : 소비자의 감각을 자극하는 단어

Elmer Wheeler, (2008), 『Tested Sentences That Sell』, CreateSpace.

시즐 워드를 사용하면 주문이 들어온다

우선, 다음 문제를 생각해봅시다.

[문제]

뉴욕의 하카타(일본 지역명) 음식점에서의 일입니다. '명란'을 그대로 직역해 'Cod roe(대구알)'라는 이름으로 제공했더니, 주문이 없진 않았지만 "그런 이상한 메뉴는 팔지 말라."라는 악평을 받았다고 합니다. 그런데 점주가 메뉴 이름을 변경했더니 주문이 밀려들었습니다. 어떤 이름으로 바꾼 걸까요?

[답]

'하카타 스파이시 캐비어'라는 이름으로 변경하자, 바로 주문이 밀려들었습니다. "샴페인과 어울린다."라며 뉴요커에게 인기 만점이었습니다.

많은 사람이 의외로 음식에 보수적이라서 전혀 들어보지 못한 식자재나 맛, 조리법으로는 먹고 싶다고 생각하지 않습니다. 점주는 '캐비어'라는 이름을 사용함으로써 재료가 어란이라는 것을 전하는 동시에 '고급' 이미지를 부가합니다. 그리고 '스파이시'라는 단어를 사용해 맛에 이미지를 부여했고, '하카타'라는 지역 이름을 넣어 그 조리법을 밝힌 것입니다. 그 결과, 이 모든 것이 **시즐*** **워드**가 되어 고객에게 '먹어보고 싶다'라는 마음이 들게 한 것입니다.

그러면 어떤 말이 시즐 워드가 되어 고객의 식욕을 돋울 수 있을까요? 아무래도 오감을 자극하는 단어를 넣으면 음식을 먹고 싶어질 확률이 올라갑니다. 다음 다섯 가지가 그 예시입니다.

❶ 미각을 자극하는 시즐 워드 : 스파이시, 스위트, 비터, 약간 매운, 새콤달콤한, 쌉쌀한 등

❷ 시각을 자극하는 시즐 워드 : 선명한, 삼색, 황금, 가득한 등

❸ 청각을 자극하는 시즐 워드 : 보글보글, 아삭아삭, 지글지글 등

❹ 후각을 자극하는 시즐 워드 : 육수 향이 난다, 가쓰오부시의 풍미, 참깨의 풍미가 진한, 로즈메리 풍미 등

❺ 촉각(촉감)을 자극하는 시즐 워드 : 녹는, 진한, 바삭한 등

이외에도 계절감을 표현하는 단어나 지명 등도 시즐 워드가 됩니다.

🐥 나소심 씨, 이렇게 활용해보면 어떨까요?

새로운 메뉴의 인기가 없다고 해서, 자책만 할 수는 없겠죠. 여기서 소개한 것처럼 오감을 자극하는 단어로 메뉴 이름을 다시 생각하는 건 어떨까요? 음식 맛에 자신이 있다면, 메뉴 이름을 바꾸는 게 큰 도움이 될 거 같아요. 단, 시즐 워드를 과도하게 사용하면 역효과를 초래할 수 있으니 주의하세요.

※ **시즐** : 원래는 고기를 구울 때 나는 '지글지글' 소리를 의미했으나, 상품에 대한 '사람의 감각을 자극해 식욕이나 구매욕을 돋우는 특징'을 말하는 단어가 되었다.

⋮

팔리지 않는 건 제품 탓 아닌가요?
– 페브리즈!

열심히 신상품을 개발했지만,

전혀 팔리지 않아요.

이 직업은 정말 나하고

맞지 않는 것 같아요…….

자신의 적성을 의심하는

나소심 씨를 위한 문장 기술!

Charles Duhigg, (2012), 『The Power of Habit: Why We Do What We do in Life and Business』, Random House (찰스 두히그 저, 『습관의 힘』, 강주헌 역, 갤리온, 2012.)

페브리즈를 참고하면,
신상품이 팔리기 시작한다

획기적인 기술력으로 개발된 신상품이 예상을 깨고 전혀 팔리지 않는 상황은 생각보다 잦습니다. 그렇다고 바로 철회하기는 이르다고 생각하는데, **고객의 진정한 욕구**를 파악하고 콘셉트를 발견하여 적합한 단어(문구)로 바꾼 후에 판매량이 급증한 사례가 있기 때문입니다.

1996년, 미국의 **프록터앤드겜블**P&G사가 획기적인 신상품을 개발했습니다. 그 시작은 3년 전, 헤비스모커인 연구원이 어느 화학약품을 취급한 연구 후 집으로 돌아갔는데, 부인에게서 "담배 끊었어? 냄새가 안 나네?"라는 말을 들은 것이 계기였습니다. 그렇게 그 유명한 **페브리즈**가 탄생했습니다.

이 상품은 '피닉스, 솔트레이크시티, 보이시' 세 도시에서 우선적으로 실험 판매를 했습니다. 콘셉트는 '골칫거리 냄새를 없애는 상품'이었습니다. 두 가지 TV 광고도 제작했는데, 담배 냄새와 애완동물 냄새로 고민하는 여성이 주인공이고, 페브리즈로 그런 고민을 해결한다는 내용이었습니다.

다이렉트 메일이나 샘플링도 빈틈없이 시행해 슈퍼의 가장 좋은 위치인 계산대 앞에 잔뜩 비치했는데, 좋은 소식은커녕 날이 지날수록 매출이 줄어드는 대실패였습니다. 하지만, 페브리즈의 광고 문구를 바꾼 순간부터 **역전극**이 시작됐습니다. 어떤 문구였을까요?

P&G는 팔리지 않는 원인을 조사하기 위해 소비자심리학 전문가를 고용해 제품을 구매한 주부를 대상으로 인터뷰를 했는데, 구매한 사람들도 딱히 사용하지 않는 것으로 밝혀졌습니다. 9마리의 고양이를 키워 악취가 심한 집에서도 거주자들이 자각을 하지 못하기 때문이었습니다. 인터뷰 중 어느 주부가 '**방 청소를 한 뒤에 작은 보상으로 페브리즈를 사용한다**'라는 이야기를 했는데, 이를 들은 마케팅 담당자가 '**이거야말로 소비자가 가장 원하는 것 아닌가**'라는 생각을 했다고 합니다. 그렇게 '청소 후 보상으로 사용하는 것'이라는 새로운 콘셉트가 탄생했습니다.

이때 페브리즈에 향료를 배합하여 단순히 '악취를 없애는' 상품에서 '보상으로 좋은 향기가 나는' 상품으로 다시 태어났습니다. TV 광고도 정리한 침대나 갓 세탁한 옷에 페브리즈를 분사하는 모습으로 표현했고, 광고 문구도 '불쾌한 냄새를 없애자'에서 '**생활 속 향기를 새롭게 바꾸자**'로 바꿨습니다. 1998년, 그렇게 페브리즈가 재발매되자 폭발적으로 팔리게 되었는데, 2개월 만에 무려 그간의 두 배의 매출을 냈습니다. 페브리즈는 소비자의 인사이트를 깊이 탐구하여 콘셉트와 광고 문구를 변화시켜 성공을 이루어낸 사례입니다.

나소심 씨, 이렇게 활용해보면 어떨까요?

신상품이 팔리지 않아 고민하는 나소심 씨, 참고가 되었을까요? 팔리지 않는 이유가 있겠지만, 상품의 퀄리티 때문이라고 단정지을 순 없어요. 그럴 때는 소비자의 마음을 좀 더 깊숙이 살펴보면 어떨까요? **말(문구)만 바꿨더니 마구 팔리기 시작**할지도 모르는 일이죠!

15

⋮

경쟁 상품을 이길 수 없어요
– 비교 희소 효과

다른 업체와

경쟁한다는 것부터가

저한테는

정말 버거운 일인데요…….

라이벌 상품과

경쟁하는 게 어려운

나소심 씨를 위한 문장 기술!

‘비교 희소
효과’

Hamilton, Ryan, Jiewen Hong, & Alexander Chernev. (2007), *"Perceptual Focus Effects in Choice"*, Journal of Consumer Research, 34(August).

비교 희소 효과를 만들어 내면
당신의 상품이 팔린다

경쟁 업체끼리 비슷한 상품을, 비슷한 특징으로 홍보하며 판매하곤 합니다. 이전에 어느 가전 회사에서 일했을 때의 일입니다. 이 회사의 TV는 '블랙의 선명함'이 가장 큰 세일즈 포인트라고 들었는데, 가전 매장을 살펴보니 거의 모든 TV 브랜드가 POP로 '블랙의 선명함'을 가장 크게 어필하고 있는 걸 발견하고 깜짝 놀란 기억이 있습니다. 이래서는 아무리 자사 제품을 홍보해도 소비자에게는 똑같아 보일 겁니다. 그럼, 어떻게 하면 좋을까요?

당신이 판매할 상품이 비슷한 특징을 가진 경쟁 상품으로 넘쳐나는 시장에 포함되어 있고, 거기서 다툼없이 승리하고 싶다면 타사와는 다른 특징을 내세우거나 희소성을 강조해야 합니다.

알렉산더 셰르나브 교수 연구진과 미국 노스웨스턴대학교 켈로그 경영대학원의 연구 그룹은 작위적으로 **'희소 효과'**를 만듦으로써, 별로 팔리지 않던 상품이 판매되는 것을 증명했습니다. 교수 연구진은 인터넷 판매를 이용한 실험에서 피험자가 아래의 두 가지 소파 중 어느 쪽을 선택하는지 조사했습니다. 각각 다른 브랜드의 상품이지만, 디자인이나 가격은 거의 비슷합니다. 다만, 소파의 쿠션이 다음과 같은 특징을 갖고 있습니다.

A 부드럽고 앉았을 때 편안하다.

B 딱딱하고 내구성이 좋다.

그러자 A=42% B=58%라는 결과로, 딱딱하고 내구성이 좋은 B가 조금 더 좋은 평가를 얻었습니다. 그리고 다른 그룹에는 C, D, E라는 세 종류의 소파를 추가하여 다섯 종류 중에 선택하는 실험을 했습니다. C, D, E 상품은 A, B와 비교하면 많은 면에서 뒤떨어지지만, B처럼 딱딱하고 내구성이 좋은 것이 특징입니다. 즉, **다섯 가지 상품 중에서 '부드럽고 앉았을 때 편안한 특징을 가진 소파'는 A뿐입니다.** 그러자 결과가 크게 변했습니다. 무려 77%가 A를 선택한 겁니다. 이는 다섯 종류 중 '부드럽고 앉았을 때 편하다'라는 특징을 가진 상품이 A밖에 없었으므로 **'비교 희소성'이 생겨서 A가 더 좋아 보였기 때문**입니다.

🧑 나소심 씨, 이렇게 활용해보면 어떨까요?

나소심 씨는 점포 앞에서 큰 소리로 외치거나 고객에게 '이 상품이 저 상품보다 좋다!'라고는 입이 찢어져도 말할 수 없을 테죠. 하지만 POP는 상품을 추천하는 거부감이 덜할 테니 딱 좋겠어요. 점포는 대부분 POP를 사용하니까 조금 더 신경 써서 만들어야 해요. 자주 있는 실수는 자사 상품의 특징에만 포인트해서 만드는 것! 타사 제품과 비교했을 때 자사 제품이 희소해 보이도록 연구해야 해요. 세일즈 포인트는 그렇게 만드는 것이죠! POP 하나로 불티나게 팔아 보자고요!

나소심 씨를 위한
문장 기술

16

⋮

특징이 없는 상품은 어떻게 팔아요?
– 노력의 가시화 효과

내가 팔아야 하는 이 상품은

아무런 특징이 없는 거 같아요.

파는 사람을 닮는 걸까요…….

어떻게 팔아야 할까요?

자세히 보아도

장점을 찾을 수 없는

나소심 씨를 위한 문장 기술!

‘노력의
가시화’

Hopkins, C. (1966), 「My Life in Advertising & Scientific Advertising」, McGraw-Hill Education (클로드 홉킨스 저, 「못 파는 광고는 쓰레기다」, 심범섭 역, 인포머셜마케팅연구소, 2014.)

노력의 가시화 효과로
어디에나 있는 상품도 팔 수 있다

　자신이 취급하는 상품이 어디에나 있는 평범한 상품인가요? 그럴지라도, 상품의 기획·제조·판매를 위해 회사도 많은 연구와 노력을 하고 있을 겁니다. 업계에서는 당연한 일이라 해도, 일반 소비자가 알지 못하는 내용이라면 세일즈 포인트로 착안해 볼 가치가 있습니다. 그게 통한다면 유다른 특징이 없어도 사고 싶어하는 사람이 생길 가능성이 있어요.

　클로드 홉킨스는 지금으로부터 백여 년 전 미국에서 활약한 전설의 카피라이터입니다. 그의 이름을 단번에 유명하게 만든 건 슐리츠 맥주의 광고 캠페인이었습니다. 1920년의 미국은 맥주 전쟁이 벌어졌다고 말할 정도로 여러 맥주 회사가 치열한 경쟁을 벌이던 때였습니다. 홉킨스는 슐리츠 맥주의 광고 의뢰를 받고서 양조장 견학을 요청했는데, 모두가 앞다투어 '순수'라는 단어를 어필하는 상황에서 새로운 세일즈 포인트를 만드려는 의도였습니다.

　공장을 견학한 홉킨스는 깜짝 놀랐습니다. 지금까지 몰랐던 것투성이였기 때문입니다. 맥주는 거대한 화이트 우드 펄프로 만든 필러로 여과한다는 것, 맥주가 채워지기 전에 고온의 증기로 병을 씻는다는 것, 불순물이 섞이지 않도록 펌프나 관을 하루에 두 번 씻는다는 것, 지하 1,200m에서 천연수를 퍼 올리고 있다는 것 등. 사무실로 돌아온 홉킨스는 흥분해서 슐리츠 맥주

담당자에게 "왜 이러한 사실을 알리지 않는 겁니까?"라고 물었습니다. 그러자 담당자는 **"타사도 같은 공정을 하고 있으니까요. 이렇게 하지 않으면 좋은 맥주는 만들 수 없어요."**라고 대답했다고 합니다.

업계 내 회사들이 같은 작업을 하고 있다고 해도, 모든 회사가 이 사실을 전하지는 않습니다. 이런 제조 과정을 소비자에게 알리면 분명 놀랄 것인데도 말이죠. 그렇게 생각한 홉킨스는 '청결한 맥주'라는 콘셉트 아래 '살아있는 증기로 세정한 맥주'라는 광고 문구를 붙인 신문 광고를 제작했습니다. 이는 큰 반향을 일으켰고, 슐리츠 맥주는 업계 5위에서 몇 개월 사이에 업계 1위로 올라섰고, 이 캠페인의 대성공에서 홉킨스는 **'동업자라면 누구나 알고 있는 사실이지만, 너무 당연해서 아무도 알려주지 않은 사실을 타사보다 앞서 세일즈하면 상품에 독점적이고도 영속적인 영예가 주어진다'**라는 원칙을 발견했습니다. 홉킨스는 이 원칙을 사용하여 다른 업종의 광고에서도 차례로 크게 성공했습니다.

🐰 나소심 씨, 이렇게 활용해보면 어떨까요?

'아무런 특징이 없다'라고 말할 만한 상품도 있을 겁니다. 그래도 계속 찾다 보면 무언가 특징을 찾을 수 있을 거예요. 내게는 너무 당연한 거여도 다른 사람이 보면 '대단하다'라고 생각할 만한 것들 말이죠. 특징을 만들어내는 일은 꽤 즐거운 일입니다. 상품뿐만 아니라 인간도 마찬가지예요. 깊이 파고들면 그 사람만이 가지고 있는 장점을 분명 찾을 수 있을 겁니다.

나소심 씨를 위한
문장 기술

:

우리 상품이 좋다고 말할 수 없어요
– 케이스 바이 케이스

고객에게 보낼 메일을

작성할 때에도

단정적인 문장은 못 쓰겠어요.

'저희 상품이 무조건 좋습니다.'

라고는 말이죠…….

확실하게 짚어 말할 수 없는

나소심 씨를 위한 문장 기술!

'단정과
질문을 동시에
하기'

Hagtvedt, H. (2015), *"Promotional phrases as questions versus statements: An influence of phrase style on product evaluation"*, Journal of Consumer Psychology, 25(4), pp635–641.

단정과 질문을 나눠서
사용하면 상품은 팔린다

말에는 다양한 형태가 있는데, 그중 대표적인 것이 **단정과 질문**입니다. 어떤 경우에 어떤 형태를 사용하면 효과적일까요?

보스턴 칼리지 캐럴 경영대학교의 헨리크 핵트베트 박사는 광고에 캐치프레이즈를 붙일 때, 단정과 질문 중 어느 것을 사용해야 소비자의 상품 구매로 이어지는지를 실험했습니다. 400명 이상의 피험자를 두 그룹으로 나누어 다양한 상품의 이미지를 보여주었습니다. 각 이미지에는 음악과 함께 광고 문구가 첨부되어 있는데, 한쪽 그룹에는 단정 형태의 문구, 다른 그룹에는 질문 형태의 문구였습니다. 광고하는 상품이 펜이라면, 단정 형태의 문구는 '이것은 당신을 위한 펜입니다This Pen For You.', 질문 형태의 문구는 '이것은 당신을 위한 펜입니까?The Pen For You?'라는 겁니다. 결과는 어땠을까요?

결과는 케이스 바이 케이스였습니다. 이미지나 음악 자극을 강하게 받아들여 피험자가 소위 '**높은 각성 상태**'일 때는 단정 형태의 광고 문구가 효과적이고, 이미지나 음악 자극을 약하게 받아들여 피험자가 '**낮은 각성 상태**'일 때는 질문 형태의 광고 문구가 효과적이었습니다. 간단히 얘기하자면, 소비자가 흥분 상태일 때나 큰 관심을 가진 상품이라면 단정적인 형태를 좋아할 가능성이 높고, 소비자가 무덤덤한 상태이며 별로 흥미가 없는 상품이라면 질문 형태를 좋아할 가능성이 높다는 겁니다.

이 결론은 사실 여러 곳에서 이미 경험하고 있는 겁니다. 정치가의 연설을 떠올려보면, 강력히 지지하는 후보자나 정당의 연설은 단정적인 어조로 거침없이 말할 때 더욱 강하게 수긍이 되고, 회의적인 후보자나 정당의 단정적인 말투에는 더 반감을 느끼는 것과 같습니다. 그러므로 후자의 경우에는 질문부터 시작하는 게 지지를 얻어낼 가능성이 크겠죠.

🐾 나소심 씨, 이렇게 활용해보면 어떨까요?

언제나 단정적으로 말해야만 효과가 있는 건 아니라고 하니 조금은 마음이 편하지 않으실까 싶어요. 단정적으로 말한다는 건 상당한 스트레스를 주는 일이니까요.

단정과 질문은 상대방의 상태나 흥미에 따라 나눠서 사용하면 좋겠습니다. 얼굴을 맞대고 있는 고객이 상품에 강한 흥미를 갖고 있다면, 힘들겠지만 용기를 내서 단정적으로 말해보는 건 어때요? 그다지 흥미가 없는 고객한테는 질문 형태로 이야기하고요. 이 정도는 상황을 보고 선택하면 좋을 거 같아요.

⋮

상품에 관심을 갖게 만들고 싶어요
– 상상해보세요 효과

판매에 열심이지만,

"저는 관심 없어요."

이런 말을 들으면 기가 죽어서

일할 수가 없어요…….

금방 기가 죽어서

마음이 상해버리는

나소심 씨를 위한 문장 기술!

'상상해
보세요'

Gregory, W. L., Cialdini, R. B., & Carpenter, K. M. (1982), *"Self-relevant scenarios as mediators of likelihood estimates and compliance: Does imagining make it so?"*, Journal of Personality and Social Psychology, 43(1), pp89–99.

상상해보세요 효과를 사용하면 자신과 관계있는 상품이라고 생각할 수 있다

이제까지 없었던 상품이나 서비스를 접했을 때, 그게 자신에게 어떤 메리트가 있는지 단번에 느끼기는 어렵습니다. 그러므로 그런 상품을 팔려고 한다면, 아무리 잠재 고객이라고 해도 **"나에게는 필요 없다."**라는 피드백이 많을 겁니다. 이럴 때는 어떻게 판매하면 좋을까요?

잠재고객에게 이 상품이나 서비스를 손에 넣었을 때의 자기 모습을 상상하게 하는 것이 최고입니다. 그 상상이 고객을 설레게 한다면, '자신과도 관계가 있는 상품이다.'라며 흥미를 느낄 가능성이 커집니다. 이 책에서는 이러한 작문 방법을 **상상해보세요 효과**라고 이름 붙였습니다.

사회심리학자인 로버트 치알디니 연구진은 지금으로부터 약 40년 전에 이 효과가 효과적이라는 것을 실험으로 증명했습니다. 이 실험은 미국 애리조나주 피닉스 남부에 있는 도시인 템피의 주택가에서 현지 케이블TV 회사(1개월 후에 서비스 개시 예정인)와 공동으로 시행했습니다. 케이블TV 관련 설문 조사라는 명목으로 대학생이 가정집을 방문하여 케이블TV 가입 권유 편지를 전하는 것이었습니다. 참고로 당시에는 케이블TV 서비스가 거의 알려지지 않은 때였습니다. 따라서 가입하면 어떤 장점이 있는지를 아래의 두 유형으로 정리하여 배부했습니다.

① 케이블TV는 가입자에게 폭넓은 엔터테인먼트와 정보 서비스를 제공합니다. (중략) 베이비 시터와 기름값을 사용해 일부러 외출하지 않아도 자택에서 가족이나 친구 혹은 혼자서 시간을 즐길 수 있습니다.

② 조금만 상상해보세요. 케이블TV가 당신에게 얼마나 폭넓은 엔터테인먼트와 정보 서비스를 제공할지 말입니다. (중략) 베이비 시터와 기름값을 사용해 일부러 외출하지 않아도 당신은 자택에서 가족이나 친구 혹은 혼자서 시간을 즐길 수 있습니다.

두 편지의 내용은 다르지 않습니다. ②가 ①과 다른 점은 서두의 **'상상해보세요'**라는 한 문장과 이인칭인 **'당신'**이라는 단어로 문장이 계속 이어진다는 것뿐입니다. 겨우 그만큼의 차이로 1개월 후 가입률에 큰 차이가 발생했습니다. 편지 ①을 받은 세대의 가입률은 **19.5%**였던 것에 비해, 편지 ②를 받은 세대의 가입률은 **47.4%**로, 두 배 이상의 가입률을 보인 것입니다. 이는 편지 ②를 받은 사람이 자신이 케이블TV에 가입한 후의 생활을 실제로 상상할 수 있었기에, 이 서비스가 '자신과 관계있는 서비스다'라고 인식할 수 있었던 결과입니다.

🧑 나소심 씨, 이렇게 활용해보면 어떨까요?

'상상해보세요 효과'를 사용하는 모습을 상상해보세요. 시중에 없는 색다른 상품이어도, 고객은 자기에게 필요한 상품이라고 생각하며 구매할 거예요. 상상만으로도 신나는 일이 아닌가요? 인센티브를 받아 맛있는 식사와 휴식을 즐기자고요!

19

⋮

고객의 경계심을 허물고 싶어요
– 마이 프렌드 존 테크닉

고객 앞에만 서면

항상 쭈뼛거리며

자기 의견을 말하지 못합니다.

장점이 가득한 상품인데도

'내 의견 따위'라고 생각하고 맙니다…….

자신의 의견을

말하는 게 조심스러운

나소심 씨를 위한 문장 기술!

David Ogilvy. (2012), 『Confessions of an Advertising Man』, Ballantine Books (데이비드 오길비 저, 『어느 광고인의 고백』, 이낙운 역, 서해문집, 1993.)

Milton H. Erickson M. D. (1964), *"The "Surprise" and "My-Friend-John" Techniques of Hypnosis: Minimal Cues and Natural Field Experimentation"*, American Journal of Clinical Hypnosis, 6:4, pp293-307.

마이 프렌드 존 테크닉을 사용하면
팔리지 않던 것이 팔린다

의견을 직설적으로 전달하지 못한다고 해서 잘못된 것은 아닙니다. 판매자가 상품이나 서비스의 장점을 어필해도 고객은 그저 '팔려고 하는 말이잖아?'라고 생각하며 경계하기 때문입니다. 그럼 어떤 방법이 있을까요? 바로 상품을 구매한 고객의 목소리를 활용하는 겁니다. 현대 광고의 아버지라 불리는 데이비드 오길비도 저서에서 다음과 같이 이야기했습니다.

'광고 문구에는 항상 추천문을 첨부해야 한다. 독자는 저명한 카피라이터의 엄청난 찬사보다 자신과 똑같은 소비자의 추천을 받아들이기 쉽다.'

고객의 목소리를 그대로 전하는 방법 말고 문장에 살짝 숨기는 기술도 있습니다.

최면치료사로 알려진 정신과 전문의 밀턴 에릭슨이 제창한 **마이 프렌드 존 테크닉**을 응용한 것입니다. 이는 '자신의 의견'을 "친구인 존이 말했는데⋯⋯."라고 제삼자의 화법으로 전하는 것입니다. 당신이 쿠션을 파는 사람이라면 다음처럼 활용할 수 있겠습니다.

얼마 전에 이 쿠션을 구매한 택시 운전사 손님이 후기를 남겼어요. '마치 공중에 떠 있는 것 같은 느낌이라 장시간 운전을 해도 엉덩이가 전혀 아프지 않았어요. 왜 더 일찍 알지 못했을까요?'라고 말이죠.

그 자리에 없는 제삼자의 의견과 감상이기 때문에 상대방도 무조건 부정할 수만은 없습니다. 게다가 판매자가 아닌 제삼자의 이야기에는 상대방이 감정 이입할 확률도 높아집니다. 단, 정말로 고객이 했던 말이 아니라면 윤리성 측면을 고려할 필요가 있습니다. 저는 누군가가 정말로 한 말만 활용해야 한다고 생각합니다. 이건 하나의 기술이니 잘 활용해봅시다. 의식적으로 고객의 목소리를 모아두면 좋겠죠.

마이 프렌드 존 테크닉은 판매뿐만 아니라 상대를 칭찬할 때도 사용할 수 있습니다. 'ㅇㅇ 씨가 당신을 칭찬했습니다.'라고 말입니다. 인간은 직접적인 칭찬은 경계할 수 있지만, 제삼자가 한 칭찬에는 솔직하게 기뻐하기 마련입니다.

🐑 나소심 씨, 이렇게 활용해보면 어떨까요?

이거라면… 내가 아니라 다른 사람이 말했다고 전하는 거라면, 나소심 씨도 마음 편히 이야기할 수 있지 않을까요? 그러고 보니 친구인 혜리한테서 들었는데, 이 문장 기술을 사용해서 아주 좋은 일이 있었다던데……

Chapter

3

생각대로 사람의
마음을 움직이는
문장의 기술

20

:

참가율을 높이고 싶어요
– '불참하더라도' 의사표시

내가 기획한 사내 행사에

참여를 부탁해봐도

참가자가 전혀 늘지 않습니다.

내가 기획한 일은

항상 참가율이 저조해요…….

부탁해도 참가율이 저조한

나소심 씨를 위한 문장 기술!

Keller, P. Anand, B. Harlam, G. Loewenstein, and K. Volpp. (2011), *"Enhanced Active Choice: A New Method to Motivate Behavior Change"*, Journal of Consumer Psychology, 21, 4, pp 376-383.

불참하더라도 의사표시 기술을
사용하면 참가율이 올라간다

행사나 파티에 참가를 요청할 때, 안내장을 쓰는 방법 하나로 참가율을 크게 높일 수 있습니다. 이를 증명한 미국 다트머스대학교 틱^{Tuck} 경영대학원의 케빈 켈러 교수 연구진이 시행한 실험을 소개합니다. 교육기관 직원을 위한 독감 예방 접종에서 안내장의 내용을 바꾸면 참가율이 어떻게 변하는지를 조사했습니다. 연구진은 우선 안내장에 다음과 같은 체크 박스를 만들고 참가 희망자에게 체크하도록 요청했습니다.

☐ 예방 접종을 희망합니다.

이처럼 선택지가 하나일 때의 참가율은 **42%**였습니다. 여기에 한마디를 더 추가하자, 참가율이 무려 **62%**로 솟구쳤습니다. 한마디가 뭘까요? 바로 '불참 의사표시란'입니다.

☐ 예방 접종을 희망합니다.
☐ 예방 접종을 희망하지 않습니다.

왜 접종률이 올랐을까요? 불참할 때도 의사 표현을 해야 하기 때문입니다. 그래서 다시 한번 연구진은, 다음과 같이 '예방 접종을 하면 독감에 걸릴 위험이 줄어듭니다.'라는 한 문장을 추가해 보았습니다. 그러자 어떻게 되었을까요?

□ 독감에 걸릴 위험이 줄어드는 예방접종을 희망합니다.
□ 독감에 걸릴 위험이 줄어든다고 해도 예방접종을 희망하지 않습니다.

이 문구들로는 참가율이 무려 75%까지 상승했습니다. 겨우 한마디를 덧붙인 것만으로 이렇게 달라진다니. 인간의 심리는 참 신기합니다.

나소심 씨, 이렇게 활용해보면 어떨까요?

이왕이면 많은 사람이 이벤트에 참가했으면 좋겠지만, 억압하듯이 강력하게 말할 수는 없겠죠. 나소심 씨의 그런 마음은 어찌 보면 일반적인 거예요. 그럴 때는 참여를 요청하는 편지나 메일에 '불참하더라도 의사표시' 기술을 사용해보면 어떨까요?

□ 이벤트에 참가합니다.

이처럼 선택지가 하나밖에 없는 안내가 아니라

□ 반나절, 강아지들과 즐겁게 노는 이벤트에 참가합니다.
□ 반나절, 강아지들과 즐겁게 노는 이벤트에 참가하지 않습니다.

불참일 경우에도 의사표시를 해야만 함과 동시에 '즐거운 이벤트인데 참여하지 않는 거야?' 라는 암시를 거는 작전을 쓰는 거죠. 그러면 얼굴을 보며 압박하지 않아도 효과를 기대할 수 있을 거예요. 힘내봐요!

기부금을 높이고 싶어요
– 신원을 아는 피해자 효과

빈곤으로 고통받는

사람을 돕고 싶은데…

정의감을 내세우고 싶지는 않아요.

방법이 없을까요?

티 내지 않고

좋은 일을 하고 싶은

나소심 씨를 위한 문장 기술!

'배경을
알 수 있는
스토리'

Small, D. A., Loewenstein, G., & Slovic, P. (2007), *"Sympathy and callousness: The impact of deliberative thought on donations to identifiable and statistical victims"*, Organizational Behavior and Human Decision Processes, 102(2), pp143–153.

Slovic, P. (2007), *"If I look at the mass I will never act: Psychic numbing and genocide"*, Judgment and Decision Making, 2(2), pp79–95.

신원을 아는 피해자 효과 identifiable victim effect 를 사용하면 기부 금액이 늘어난다

펜실베니아대학의 스몰 교수와 오레곤대학의 슬로빅 교수 연구진은 의뢰문의 차이로 사람의 기부 행동이 어떻게 변하는지 조사하는 실험을 했습니다. 피험자들은 미리 가상의 설문 조사에 협력하여 5달러의 보수를 받은 상태였고, 그런 그들에게 '세이브 더 칠드런'의 기부 의뢰서와 봉투를 건넸습니다. 의뢰서는 A와 B 두 종류가 있고, 두 가지 중 하나가 전달됐습니다.

[A] • 말라위의 식량난은 300만 명 이상의 어린이에게 영향을 미치고 있다.
   • 잠비아는 심각한 강우 부족으로 2000년부터 옥수수 생산이 42% 감소했다. 추정 300만 명의 잠비아인이 기근에 직면했다.
   • 에티오피아 1,100만 명 이상의 사람들에게 긴급 식량 원조가 필요하다.

[B] 기부금은 모두 로키아에게 전달됩니다. 로키아는 아프리카의 말리에 사는 일곱 살 소녀입니다. 로키아는 몹시 가난해 심각한 굶주림에 직면해 있습니다. 당신이 기부한다면 로키아의 생활이 더 좋아질 것입니다. 세이브 더 칠드런은 당신을 비롯한 지원자에 의해 로키아의 가족이나 지역 사람들과 협력하여 로키아의 식사, 교육, 기본적인 의료와 위생 교육을 지원합니다. (로키아의 사진)

피험자는 A와 B 중 하나의 의뢰서를 받은 후, 혼자가 되어 기부 여부를 결정하게 됩니다. 기부할 경우에는 봉투에 임의 액수의 돈을 넣어서 연구자에게 전달하고 퇴실합니다.

B의 로키아 스토리를 읽은 그룹이 A의 통계적인 숫자가 쓰여 있는 문장을 읽은 그룹보다 2배 이상 많은 금액을 기부했습니다(A의 평균은 1.14달러, B의 평균은 2.38달러). 이성적으로 생각하면 로키아의 비극은 빙산의 일각일 뿐, A의 내용이 훨씬 심각한 것입니다. 그러나 인간은 너무 커다란 비극에는 감정이 따라가지 못해 공감이 약해집니다. 이에 비해 단 한 사람의 비극으로 좁혀진 스토리에는 많은 사람이 공감합니다. 이 심리에는 **신원을 아는 피해자 효과**라는 이름이 붙어 있습니다.

같은 설정으로 A와 B의 의뢰서를 모두 읽은 그룹에게도 실험을 시행했습니다. 연구자들은 '통계와 스토리가 조합되면 기부는 훨씬 늘어날 것이다'라고 생각했지만, 결과는 무려 평균 1.43달러로, A보다는 조금 많지만, B보다는 1달러 이상 적은 금액이었습니다. 통계로 숫자를 보았기 때문에 로키아에 대한 감정이 입이 식어버린 것입니다.

🐑 나소심 씨, 이렇게 활용해보면 어떨까요?

인간은 정말 신기하죠. 감정과 이성을 잘 조합하지 못하는 걸까요? 어쨌든, 무언가 부탁할 때는 특정 인물의 스토리에 초점을 맞추어 어려움을 호소하면 더 나은 결과를 얻을 수 있을 거예요. 정의감 가득히 '세상을 위해 ~를 하자.'라고 말하고 싶지는 않은 나소심 씨에게는 이 기술이 찰떡이에요. 'ㅇㅇ 씨를 위해서'라고 의뢰한다면, 거부감이 덜어질 거예요.

22

:

기부 참여도를 높이고 싶어요
− 용도 가시화 효과

기부금을 모으는 담당자가 되었는데,

도저히 기부금이 모이지 않습니다.

'기부하세요'라고

말하지도 못하겠어요…….

기부금을 모으고 싶은

나소심 씨를 위한 문장 기술!

'용도의
가시화'

Cryder, C. E., Loewenstein, G., & Scheines, R. (2013), *"The donor is in the details"*, Organizational Behavior and Human Decision Processes, 120(1), pp15–23.

용도 가시화 효과를
사용하면 기부금이 모인다

기부금을 모으는 효과적인 방법이 있습니다. **기부금의 용도를 구체적이고 상세하게 전달**하는 것입니다.

세인트루이스 워싱턴대학의 신시아 크라이더와 카네기멜런대학의 조지 로벤스타인 교수, 그리고 리처드 샤인 교수는 기부를 요청하는 문장에 따라 기부 금액이 얼마나 차이가 나는지 연구했습니다. 참가자를 세 그룹으로 나누고, 그룹마다 다른 문장을 주었습니다.

> A 옥스팜 인터내셔널은 세계에서 가장 실적 있는 후원 기구 중 하나로, 전 세계 사람들에게 폭넓은 인도적 지원을 제공합니다. 옥스팜이 기부를 요청한다면 얼마를 기부하시겠습니까?
>
> B (A의 문장에 추가) 기부금은 예를 들어, 고통받는 사람들에게 깨끗한 물을 제공하는 데 사용됩니다.
>
> C (A의 문장에 추가) 기부금은 예를 들어, 고통받는 사람들에게 페트병에 든 물을 제공하는 데 사용됩니다.

아주 근소한 차이지만, 결과는 큰 차이가 있었습니다. 먼저 A와 B의 차이를 보면, A의 기부금 평균이 7.54달러였던 것에 비해 B의 기부금은 평균 10.25달러였습니다. 한마디의 용도를 추가한 것뿐인데 기부금이 30% 이상 증가한 것입니다. 다음은 C, 사실 C의 결과는 놀라웠습니다. 6.95달러로 무려 A보다 기부금 평균이 적었습니다. 용도를 기재했음에도 말이죠.

이는 '페트병에 든 물'이라는 표현이 '깨끗한 물'이라는 표현보다 이미지화하기 어려웠기 때문입니다. 그 결과, A보다 못한 수준까지 기부금이 떨어진 것입니다.

이 기술은 다양하게 응용할 수 있습니다. 예를 들어 회사에서 예산을 확보해야 할 때를 생각해 봅시다. 그럴 때도 먼저 예산을 어떻게 사용할지 명확하게 전달하는 것이 중요합니다. 다만 주의해야 할 점은 이미지화하기 어려운 표현을 사용하지 않는 것입니다.

🐑 나소심 씨, 이렇게 활용해보면 어떨까요?

다른 사람에게 부탁해야 하는 '기부금을 모은다'라는 행위는 나소심 씨에게 어려울 수도 있죠. 하지만 이 기술을 사용한다면 조금 편하지 않을까요? 무엇보다도 모일 기부금이 어디에 사용될지를 구체적으로 전달하세요! 주의할 점은 '엥? 이런 곳에 사용한다고?'라고 의문스럽게 생각되거나, 이미지를 떠올리기 어려운 문장은 사용하지 않을 것. 일단 이것부터 시작해보죠!

23

⋮

협력하게 만들고 싶어요
– 자기 이미지 유도 효과

설문 조사를 하려고 하는데…

답변 회수율을 높이고 싶습니다.

하지만 모두 바빠 보이네요…….

협력을 얻고 싶지만,

강제할 수 없을 때의

나소심 씨를 위한 문장 기술!

'협조적이신
가요?'

Bolkan, S., & Andersen, P. A. (2009), *"Image induction and social influence: Explication and initial tests"*, Basic and Applied Social Psychology, 31(4), pp317–324.

자기 이미지 유도 효과를
사용하면 알아서 협력한다

설문 조사 작성 등 협력이 필요한 일이 있을 때는 **상대의 '자기 이미지'를 좋은 방향으로 유도**하면 협력해 줄 가능성이 높아집니다.

캘리포니아 주립대학교 롱비치캠퍼스 커뮤니케이션 연구과의 산 볼칸 교수와 샌디에이고 주립대학교 커뮤니케이션학부 피터 안데르센 교수의 실험은 말머리에 '자기 이미지를 유도하는 질문'을 하는 것으로 사람의 행동이 크게 변한다는 것을 증명했습니다. 이 실험은 쇼핑몰이나 슈퍼마켓에서 행인에게 설문 조사 협력을 요청하는 것으로 시작합니다. 처음 말을 걸 때 아래의 두 가지 방법으로 시행했습니다.

A '잠시 시간을 내주실 수 있나요?'라고 말을 건 다음 설문 조사 협력을 요청한다.

B '당신은 타인에게 협조적인가요?'라고 질문하면서 설문 조사 협력을 요청한다.

자, 서로 다른 두 가지 방법으로 말을 걸었는데 설문 조사 답변율은 어땠을까요? 나소심 씨라면 어떨지 생각해봅시다.

A 29%   B 77%

왜 이렇게 큰 차이가 생겼을까요? B의 '당신은 타인에게 협조적인가요?'라는 질문에 대부분이 조금 생각한 뒤 '네'라고 대답했습니다. 이렇게 자기 이미지를 유도함으로써, B 유형으로 권

유발은 사람은 그 이미지대로 행동(=타인에게 협조적)하지 않을 수 없게 된 겁니다. 이 연구는 입말에 관한 것이지만, 문장도 마찬가지입니다. 예를 들어 메신저로 단문을 주고받는다면, 부탁을 쓰기 전에 먼저 'ㅇㅇ 씨는 협조적인 분이신가요?'라는 질문을 보내봅시다. 개인적인 메시지를 주고받는 경우가 아니라면 다음과 같이 미리 읽는 사람의 이미지를 유도해두면 좋습니다.

"항상 흔쾌히 협력해 주시는 여러분께. 설문 조사 참여를 부탁드립니다."

일반적으로 부탁하는 것보다, 협력해 줄 확률이 높아질 겁니다.

🦉 나소심 씨, 이렇게 활용해보면 어떨까요?

처음부터 상대의 '자기 이미지'를 설정해내면, 상대는 그 설정대로 행동하기 쉽다는 거네요. 역시 인간은 암시에 약하다니까요. 이 방법을 설문 조사뿐만 아니라 비즈니스, 가족이나 파트너와의 대화 등 여러 방면에도 응용할 수 있겠어요. 가까운 사람에게 '내가 기뻐하는 얼굴을 보는 게 좋아?'라고 메시지를 보내봐요. '그렇다'라는 답변이 온다면, 기회를 놓치지 말고 '그러면 ㅇㅇ해줄 수 있어?'라고 부탁해보세요. 무조건 통하는 건 아니겠지만….

나소심 씨를 위한
문장 기술

24

⋮

선택을 유도하고 싶어요
– 프레이밍 효과

병원에서 근무하는데,
독감 예방접종을 했으면 하는
환자가 있어요.

하지만
막상 추천하자니 쉬운 일이 아니에요…….

좋은 것도 추천하지 못하는
나소심 씨를 위한 문장 기술!

Tversky, A., & Kahneman, D. (1981), *"The framing of decisions and the psychology of choice"*, Science, 211(4481), pp453–458.

Cherubini, P., Rumiati, R. Rossi, D., Nigro, F. e Calabrò, A. (2005), *"Improving attitudes toward prostate examinations by loss-framed appeals"*, Journal of Applied Social Psychology, 35, pp732-744.

프레이밍 효과를 사용하면 상대는
당신이 원하는 선택지를 고른다

[문제 1] 600명이 사망할 것으로 예상되는 아시아의 전염병 유행에 대비해 두 가지 대책을 제안했습니다. 당신이라면 A와 B 중 어느 대책을 선택하겠습니까?

대책 A …… 200명을 살린다.

대책 B …… 1/3 확률로 600명을 구하지만, 2/3 확률로 아무도 구할 수 없다.

[문제 2] 600명이 사망할 것으로 예상되는 아시아의 전염병 유행에 대비해 두 가지 대책을 제안했습니다. 당신이라면 C와 D 중 어느 대책을 선택하겠습니까?

대책 C …… 400명이 사망한다.

대책 D …… 1/3 확률로 아무도 죽지 않지만, 2/3 확률로 600명 전원이 사망한다.

현명한 당신이라면 이미 눈치챘겠지만, A와 C의 대책과 B와 D의 대책은 같은 내용입니다. 이는 1981년에 대니얼 카너먼과 에이머스 트버스키가 공동으로 시행한 '아시아 전염병 문제'라는 유명한 실험입니다. 실험 결과, 학생들이 선택한 비율은 다음과 같습니다.

[문제 1] 대책 A 72%, 대책 B 28%
[문제 2] 대책 C 22%, 대책 D 78%

같은 내용의 질문이라 해도 질문 방법을 바꾼 것만으로 전혀 반대되는 결과가 나온 것입니다. 카너먼 연구진은 이 현상을 **프레이밍 효과**라고 이름 붙였습니다. 프레이밍이란 '액자'로 **대상의 어느 부분을 잘라내느냐에 따라 보이는 방식이 달라진다**는 것을 말합니다. 예를 들어 암 검진을 추천하는 팸플릿의 문장을 생각해봅시다. 다음 중 어느 쪽 검진을 받고 싶은가요?

- 40세가 넘었다면 암 검진을 받읍시다. 검진을 받지 않으면 암은 물론 다른 병도 놓쳐 위험할 수 있습니다.
  (검진을 받지 않으면 위험하다고 위협하는 문장)
- 40세가 넘었다면 암 검진을 받읍시다. 검진을 받으면 암은 물론 다른 병도 발견할 수 있어 한층 더 안심할 수 있습니다.
  (검진을 받으면 안전하다고 호소하는 문장)

이탈리아 밀라노 비코카대학교의 케루비니 교수 연구진의 연구에 따르면, 아래의 팸플릿을 본 사람이 암 검진을 받고 싶다고 생각한 비율이 높았다는 결과가 나왔습니다. 긍정적인 프레임이 효과가 있었던 것입니다.

🙂 나소심 씨, 이렇게 활용해보면 어떨까요?

나소심 씨라면 누군가를 위협하는 방식으로 예방 접종을 강요하기보다는 긍정적으로 안전을 호소하는 방법이 어울린다고 생각해요. 마침 이 방법이 더 효과적이기도 하고요! 독감 예방 접종을 추천할 때, "예방 접종을 하면 안심할 수 있어요."라고 전달하면 접종률이 오를 거예요. 시험해보세요!

나소심 씨를 위한
문장 기술

25

⋮

공정한 설문 조사를 만들고 싶어요
– 양면 질문법

설문 조사를 진행했었는데,

아무래도 좋은 결과가 나오도록

상사가 조작하는 느낌이 듭니다…….

꼼수를 용납할 수 없는

정의감 넘치는

나소심 씨를 위한 문장 기술!

'양면 질문'

Kunda, Z., Fong, G. T., Sanitioso, R., & Reber, E. (1993), *"Directional questions direct self-conceptions"*, Journal of Experimental Social Psychology, 29, pp63–86.

양면 질문법으로 편견 없는
설문 조사를 만들 수 있다

앞의 프레이밍 효과에서도 알 수 있듯이, 질문하는 문장에 따라 대답이 크게 달라질 수 있습니다.

캐나다의 워털루대학교 연구진은 실험 참가자를 A, B 두 그룹으로 나눈 뒤 다음 설문 조사에 답하도록 했습니다.

A '현재의 생활에 만족합니까?'
① 만족한다. ② 불만이 있다.

B '현재 생활에 불만이 있습니까?'
① 불만이 있다. ② 만족한다.

자, 결과는 어땠을까요? 질문 B 그룹에서 '불만'을 선택하는 사람의 비율이 A 그룹에 비해 4배가량 높았습니다. 이는 **'만족합니까?'**라는 질문을 받으면 '만족하는 부분'에 초점을 맞추고, **'불만이 있습니까?'**라는 질문을 받으면 '불만스러운 부분'에 초점을 맞추기 때문입니다. 이 결과를 응용하면, 예를 들어 상사가 자신에 대한 만족도를 부하에게 질문할 때, A 스타일로 질문하면 자신이 원하는 긍정적인 대답을 받을 가능성이 높아집니다.

이는 올바른 방법이 아닙니다. 여론 조사 등에서 이런 방법을 이용해 일부러 편중된 결과를 도출하는 것은 윤리적으로 용서할 수 없는 일입니다. 따라서 편중되지 않고 공평한 답을 얻을 수 있는 질문을 만들어야 합니다. 어떻게? 바로 양쪽 시점에서 질문하는 것입니다.

☐ 귀하는 저희 서비스에 만족하셨습니까? 아니면 불만이 있으셨나요?

☐ 귀하는 현 정부의 외교 정책에 만족하십니까? 아니면 불만이 있으신가요?

물론 이 방법으로도 어느 쪽을 먼저 질문하냐에 따라 편견에 사로잡힐 가능성은 있지만, 손쉬운 방법으로 큰 효과를 얻을 수 있는 방법입니다.

🐱 나소심 씨, 이렇게 활용해보면 어떨까요?

음, 설문 조사는 질문의 구성 하나만으로도 결과가 크게 달라지네요. 작은 변화가 미치는 영향이 이렇게도 크다니, 역시 신기해요. 그나저나 편중되지 않은 설문 조사를 하고 싶다고 생각하는 나소심 씨도 참… 성실하고 훌륭하네요! 설문 조사 용지에 잔꾀를 부려서 자신에게 유리한 답변이 나오도록 했다면, 진정한 설문 조사가 아니죠. 답을 정해놓고 끼워 맞추는 일이예요. 하지만 무슨 일이 있어도 나에게 유리한 결과를 원할 때는 어떻게 해야 할까요? 그럴 때는 한쪽만 질문을……. 아니야, 안 된다고요… 그런 식으로 악용해서는 안 돼!

26

:

추천 상품을 선택하게 만들고 싶어요
– 디폴트 효과

보험 영업을 하고 있는데,

회사의 추천 상품을

고객들이

좀처럼 선택하지 않아요…….

추천 상품을 판매하지 못하는

나소심 씨를 위한 문장의 기술!

‘디폴트
(초기 설정)’

Johnson, E. J., & Goldstein, D. G. (2003), *"Do Defaults Save Lives?"* Science, vol. 302, pp1338-1339.

Johnson, E. J., & Goldstein, D. G. (2013), *"Decisions by default"*, In E. Shar(Ed.), *"The behavioral foundations of public policy"*, pp.417~427, Princeton University Press.

디폴트(초기 설정) 효과를 사용하면
상대의 의사 결정을 도울 수 있다

선택지를 결정할 때 선택지의 초기 설정이 선택에 큰 영향을 끼친다고 합니다. 2017년 기준으로 일본의 장기 기증 의사 결정자는 약 12.7%인데, 99%를 넘는 나라도 있습니다. 이렇게나 큰 차이라니, 의아하지 않나요? 물론 문화나 죽음과 삶에 대한 견해의 차이도 있겠지만, 선택지의 초기 설정 차이가 크다는 연구 결과가 있습니다.

미국 컬럼비아대학교 경영대학원의 에릭 존슨 교수 연구진이 2003년 사이언스지에 발표한 논문에 유럽 각국의 '장기 기증 의사' 비율을 조사한 내용이 있습니다. 이 조사에 따르면 덴마크, 네덜란드, 영국, 독일은 기증 의사 비율이 낮고, 프랑스, 오스트리아, 포르투갈, 헝가리는 제공 의사 비율이 높은 양극화된 상태라는 걸 알 수 있습니다. **여기에는 이유가 있습니다.** 전자가 '기증하려면 의사를 표시해야 하는 나라(디폴트: 기증하지 않음)'인 것에 반해, 후자는 '기증하지 않으려면 의사를 표시해야 하는 나라(디폴트: 기증함)'입니다. 전자의 방식을 따르는 나라의 기증 의사 표현율이 낮은 것을 이렇게 이해할 수 있습니다.

1990년대 미국 뉴저지주와 펜실베니아주에서 자동차 보험법이 개정되었을 때, 보험 가입 서류의 디폴트가 달라서 양쪽 주에서 큰 차이가 발생한 일이 있었습니다. 자동차를 가지고 있는 사람은 '저렴하지만, 소송 권리에 제한이 있는 보험'과 '비싸지

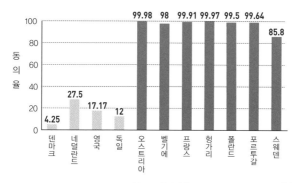

나라별 장기 기증 동의율

동의율: 덴마크 4.25, 네덜란드 27.5, 영국 17.17, 독일 12, 오스트리아 99.98, 벨기에 98, 프랑스 99.91, 헝가리 99.97, 폴란드 99.5, 포르투갈 99.64, 스웨덴 85.8

Johnson, E. J., & Goldstein, D. G. Science. 2003에서

만, 소송 권리에 제한이 없는 보험' 중 하나를 선택해야 했습니다. 단, 뉴저지주에서는 저렴한 보험이, 펜실베니아주에서는 비싼 보험이 디폴트였습니다. 그러자 양쪽 주 모두 75~80%의 사람이 **디폴트인 보험을 선택했습니다.** 이처럼 디폴트 효과는 인간의 선택에 몹시 강한 영향을 미칩니다. 그렇다고 해서 판매자 측에만 유리한 선택지를 디폴트로 삼는 것은 윤리적으로 문제가 있을 수 있으니 판매자라면 반드시 그 점을 주의합시다. 한편 구매하는 입장이라면 무작정 초기 설정을 선택하기보다 자신에게 필요한 것이 무엇인지 확인하고 선택하는 것이 좋습니다.

🙂 나소심 씨, 이렇게 활용해보면 어떨까요?

초기 설정만으로 이렇게 달라지다니, 신기한 기술투성이네요. 나소심 씨는 분명 자신만이 아닌 고객의 입장도 생각하고 있을 테니 그 상품이 고객에게도 이득일 것 같다면, 디폴트로 삼아보는 건 어떨까요?

27

:

의뢰인이 제안을 결정해주지 않아요
– 선택 스트레스 경감 효과

클라이언트의

요청대로 가능한 한

많은 제안을 했습니다.

하지만

거기서도 선택하지 않아요…….

제안을 선택받고 싶은

나소심 씨를 위한 문장 기술!

Iyengar, S. S., (2010), 『The art of choosing』, New York: Twelve. (시나 아이엔가 저, 『선택의 심리학』, 오혜경 역, 21세기북스, 2012.)

Iyengar, S. S., & Lepper, M. R. (2000), *"When choice is demotivating: Can one desire too much of a good thing?"*, Journal of Personality and Social Psychology, 79(6), pp995–1006.

선택 스트레스 경감 효과를
사용해 선택을 도울 수 있다

　기획이나 디자인을 단골 거래처에 제안할 때, **가능한 한 많은 제**
안을 요구받는 경우가 있는데, 그렇다고 해서 쉽게 결정되지 않
는다는 걸 알고 계실 겁니다. 선택지가 많아질수록 오히려 하나
로 결정하기가 힘들 수 있습니다. 이런 사태를 피하려면 어떻게
해야 할까요?

　잼 선택 실험은 아주 유명한 실험이라 들어본 적이 있으실 수도
있습니다. 이 실험은 미국 컬럼비아대학교 경영대학원 교수인
시나 아이엔가가 대학원생 시절에 샌프란시스코에 있는 고급 슈
퍼마켓 '드레이거스'의 협력을 얻어 시행한 것입니다. 슈퍼마켓
입구 근처에 영국 고급 브랜드인 **윌킨앤손스**Wilkin&Sons의 잼 24종
류를 진열한 부스와 6종류를 진열한 부스를 따로 설치해 고객의
반응을 조사했습니다. 단, 딸기나 포도, 라즈베리, 마멀레이드
등의 잼은 '많이 먹어봐서 익숙하다'라는 이유로 선택되는 것을
방지하기 위해 제외시켰습니다.

　결과는 어땠을까요? 종류가 많은 쪽에 사람이 많이 모였고,
24종류의 잼 부스에서는 고객의 약 60%가 시식을, 6종류의 잼
부스에서는 약 40%가 시식을 했습니다. 그렇지만 실제로 구매
한 고객의 비율은 반대였습니다. 24종류를 시식한 부스는 시식
한 고객의 3%(전체의 1.8%)밖에 구매하지 않았는데, 6종류를 시식
한 부스에서는 30%(전체의 12%)가 잼을 구매했습니다. 선택지가

적은 쪽이 6배 이상의 매출로 이어진 것입니다.

선택지의 수가 증가할수록 평가 기준에 혼란이 생겨, 선택지 수에 압도되면서 스트레스를 받아 결단을 나중으로 미루어 버립니다. 아이엔가 교수는 선택지가 너무 많아서 선택할 수 없는 상황이, 식품 등의 상품뿐 아니라 다양한 분야에서 발생한다는 것을 증명했습니다. 하지만 단순히 상품의 종류를 줄인다고 해서 매출이 오를까요? 반드시 그렇지만은 않습니다.

고객의 입장에서 번거로운 것은 **선택하는 스트레스**입니다. 이를 줄여주면 상품 종류가 많다는 건 오히려 이점이 아닐까요? 종류가 많은 쪽에 사람이 많이 모인다는 건 그만큼 잠재 고객이 많다는 의미입니다. 따라서 선택 스트레스만 줄이면 됩니다. 24종류의 잼을 '단맛', '신맛', '진한 맛' 등 맛의 요소로 구분하거나 연령대별 '좋아하는 잼 순위'를 이용하는 겁니다. 선택을 내리기 쉽도록 돕는다면 종류의 다양성은 오히려 이점이 됩니다.

🧑 나소심 씨, 이렇게 활용해보면 어떨까요?

제안이 너무 많으면 흐지부지해지며 결국 고르지 못 하는 일이 발생한다네요. 그럴 때는 많은 제안을, '콘셉트', '예산', '납기' 등으로 나누어 정리해 의뢰인의 선택 스트레스를 줄이는 형태로 제출하면 효과가 있을 거예요!

그래도 결정해주지 않는데요?
- 미끼 효과

이번에야말로

결정할 수 있도록 의뢰인에게

보내는 제안을 두 가지로

좁혔는데도

변화는 없었습니다.

무엇을 해도

상대의 결정을 얻지 못하는

나소심 씨를 위한 문장 기술!

'미끼 효과'

Ariely, D. (2010), 『Predictably Irrational, Revised and Expanded Edition: The Hidden Forces That Shape Our Decisions』, Harper Perennia (댄 애리얼리 저, 『상식 밖의 경제학』, 장석훈 역, 청림출판, 2018.)

Li, M., Sun, Y., & Chen, H. (2019), "*The decoy effect as a nudge: Boosting hand hygiene with a worse option*", Psychological Science, 30, pp139–149.

미끼 효과 decoy effect 를 사용하면 의뢰인은 결정한다

　당신이 어떤 서비스를 제공할 때, [플랜 A]와 [플랜 B]를 제시했다고 합시다. 두 가지 플랜 중에서 쉽게 선택하는 고객도 있겠지만, 두 가지 중에 망설이다가 아예 선택하지 않는 고객도 있을 겁니다. 이러한 사태를 피하려면 어떻게 해야 할까요? 그럴 때는 처음부터 제3의 선택지인 [플랜 C]를 준비하는 것을 추천합니다. [플랜 C]로 [플랜 A]와 [플랜 B]를 돋보이게 만드는 겁니다.

　이 미끼 효과로 유명한 것은 『상식 밖의 경제학』 등의 베스트셀러 작가인 행동심리학자 댄 애리얼리의 실험입니다. 대학생에게 잡지 '이코노미스트'의 정기구독을 묻는 설문 조사에서 애리얼리는 다음 세 가지 선택을 제시했습니다. 당신이라면 어떤 것을 선택하겠습니까?

　① WEB판 정기구독 59달러
　② 잡지 정기구독 125달러
　③ 잡지와 WEB판 정기구독 125달러

　결과는 ① 16%, ② 0%, ③ 84%였습니다. 위 세 가지 중 아무도 고르지 않은 ②를 제외하고 다시 고르게 하면 결과는 ① 68%, ② 32%로 바뀌었습니다. 즉, 선택지가 3개일 때 나온 결과는 미끼인 ②의 역할이 컸다는 것입니다. 매출을 생각하면 선택지가 세 개일 때와 두 개일 때 아주 큰 차이가 있습니다.

미끼 효과 예시를 하나 더 살펴봅시다. 이 예시는 미국 콜로라도대학 덴버 캠퍼스의 멍 리Meng Li와 중국과학원의 연구원들이 진행한 중국 식품공장 종업원의 손 소독 관련한 실험입니다. 연구자들은 일반 소독용 스프레이만 설치한 경우와 아주 사용하기 어려운 통을 같이 설치했을 경우의 손 소독률을 비교했습니다. 그러자 사용하기 힘든 통을 같이 설치했을 때의 손 소독률이 큰 폭으로 증가했습니다. 즉, **사용하기 어려운 통이 미끼 역할을 해서 모두가 스프레이에 들어 있는 소독제를 사용하기 시작한 겁니다.**

🐰 나소심 씨, 이렇게 활용해보면 어떨까요?

미끼 역할이 있는가에 따라 선택이 크게 변한다는 걸 알 수 있었네요. 이 성질을 잘 이용하면 나소심 씨도 '**상대가 영원히 결정을 내리지 않는 루프**'에서 벗어날 수 있을 거예요. 나소심 씨는 상냥하니까 의뢰인에게 들은 대로 열심히 하겠지만, 아무리 열심이어도 상대가 선택해주지 않는 상태가 계속되면 아무래도 침울해질 수밖에 없었을 거예요. 그럴 때는 미끼 효과를 잘 사용하면 좋겠습니다.

Chapter

4

의미를 제대로
전달하는
문장의 기술

⋮

어려운 단어나 표현을 써요
– 상냥한 말 효과

말은 안 했지만,

내가 쓴 문장을 칭찬받고 싶어요.

어려운 단어를 사용하면

좋을까요?

가끔은 문장을

칭찬받고 싶어서 고민하는

나소심 씨를 위한 문장의 기술!

‘상냥한 말’

Oppenheimer, D. M. (2006), *"Consequences of erudite vernacular utilized irrespective of necessity: Problems with using long words needlessly"*, Applied Cognitive Psychology, 20(2), pp139–156.

Alter. A. L and Oppenheimer. D. M. (2006), *"Predicting short-term stock fluctuations by using processing fluency Proceedings of the National"*, Academy of Sciences Volume103, Issue24 pp 9369-9372.

상냥한 말 효과를 사용하면
지적인 인상을 준다

'누군가에게 칭찬받고 싶어!'라는 생각으로 글을 쓰면, 무의식 중에 어려운 단어와 표현을 사용하게 됩니다. 하지만 그것이 정말 이해나 호감도로 이어질까요?

미국 프리스턴대학 심리학부의 대니얼 M 오펜하이머 교수는 길고 어려운 단어를 사용한 경우와 사용하지 않은 경우를 비교했을 때, 글의 인상이 어떻게 달라지는지를 조사했습니다. 같은 내용이라 해도 '길고 어려운 단어'를 사용한 문장과 '간단하고 쉬운 단어'를 사용한 문장을 대학생에게 읽게 하고 소감을 비교해 보니, **단순하고 쉬운 단어 쪽이 지적인 인상이 강하고, 저자에 대한 평가가 높다는 결과를 얻을 수 있었습니다.** 어려운 단어를 쓰면 지적으로 보일 거 같지만, 오히려 쉬운 단어가 그렇다고 증명된 것입니다. 이는 우리의 뇌가 '복잡한 정보'를 싫어하고 원활하게 처리할 수 있는 '단순한 정보'를 선호한 결과입니다.

이 효과는 문장에만 적용되는 게 아닙니다. 회사명, 상품명, 서비스명도 가능한 한 단순하고, 알기 쉬우며, 발음하기 쉬운 이름으로 하는 게 좋습니다. 오펜하이머 교수는 프리스턴대학 심리학부의 애덤 알터와 함께, 회사명의 발음이 주가에 영향을 미치는지를 조사했습니다. 정식 회사명으로 분석하면 너무 복잡해지므로 주식 시장에서 사용하는 알파벳 글자인 '티커 코드'로 분석했는데, 조사 시작부터 1일 후, 7일 후, 6개월 후, 1년 후의 주가를 조사한 결과, 발음하기 쉬운 티커 코드를 가진 회사의 주가가 발음하기 어려운 회사에 비해 상승했습니다. 이 '쉬운 발음'은 회사명에 국한되지 않고 상품명, 서비스명, 또는 광고 문구에서도 중요합니다. 만약 이름을 지을 기회가 있다면, 아래의 '눈, 입, 귀, 뇌, 마음'의 다섯 가지 시점도 확인해보는 것을 추천합니다.

❶ 눈으로 확인한다 글자를 봤을 때 알기 쉽고 밸런스가 좋은가?

❷ 입으로 확인한다 소리를 냈을 때 말하기 쉬운가?

❸ 귀로 확인한다 들었을 때 부드럽고 기분 좋은가?

❹ 뇌로 확인한다 상품의 특징을 제대로 나타내고 있는가? 한 번 들어도 기억에 남는가?

❺ 마음으로 확인한다 회사의 색깔이나 품격에 어울리는가?

이러한 사항을 확인했을 때 괜찮았다면, 첫 단계는 통과인 겁니다. (※ 실제 상품으로 발매할 경우 상표 문제도 해결해야 합니다.)

🐑 나소심 씨, 이렇게 활용해보면 어떨까요?

공들인 문장을 칭찬받고 싶은 마음이 드는 건 누구나 마찬가지일 거예요. 하지만 무리해서 일부러 어려운 단어를 사용하는 건 오히려 감점이라고요. 쉽고 단순한 단어가 호감을 불러일으킨다는 것! 자신을 가지세요. 음, 이 책은 쉬운 말로 쓰여 있는 거겠죠…?

나소심 씨를 위한
문장 기술

30

:

읽기 힘든 문장이래요
– 인지하기 쉬운 문장 효과

상사에게

'자네 글은 읽기 힘들어'라는

말을 자주 들어서

침울합니다…….

언젠가는 상사가

반박할 수 없게 만들고 싶은

나소심 씨를 위한 문장 기술!

'인지하기 쉽다'

Kahneman. D. (2012), 『Thinking, Fast and Slow』, Penguin (대니얼 카너먼 저, 『생각에 관한 생각』, 이창신 역, 김영사, 2018.)

McGlone, M. S., & Tofighbakhsh, J. (2000), *"Birds of a feather flock conjointly Rhyme as reason in aphorisms"*, Psychological Science, 11, pp424-428.

인지하기 쉬운 문장 효과를 사용하면 신뢰와 친근감을 얻을 수 있다

2002년에 노벨 경제학상을 수상한 인지심리학자 대니얼 카너면은 저서 『생각에 관한 생각Thinking, Fast and Slow』에서 아래와 같은 내용을 이야기했습니다.

"뇌에 부담을 주지 않는 '인지하기 쉬운' 문장을 읽으면, 인간은 편안함을 느끼며 글쓴이에게 '친근감'이나 '신뢰'를 느낀다."

타인에게 '읽기 힘든 문장'이라는 말을 듣는다는 건 상대방의 뇌에 부담을 주고 있다는 겁니다. 요인은 다양합니다. 제목이 없다, 글자 크기가 작다, 여백이 적다, 폰트가 읽기 어렵다, 줄 바꿈이 이상하다 등 내용이 아니라 시각적으로 부담을 주는 문제인 경우도 많습니다. 그러니 서툴다는 말을 들었다면, 적당한 제목을 넣거나 여백을 두어서 좋은 인상을 만드는 것이 중요합니다.

글의 내용이 문제라면 논리가 이어지지 않아서일 수 있습니다. 이럴 때는 올바른 접속사로 논리가 이어지게 만들어야 합니다. 또 '리듬'의 문제도 있는데, 소리를 내서 읽어보면 쉽게 확인할 수 있습니다. 중복된 접속사의 사용이나 같은 어미를 계속 사용하면 단조로워져 리듬이 흐트러질 수 있습니다. '~입니다, ~습니다, ~다, ~이다'를 같은 문장 안에서 여러 번 사용하는 것도 능숙하지 않다면 리듬이 깨지는 문장이 됩니다. 각종 제목이나 광고 문구를 만들 때 특히 이러한 어조를 우선시하는 게 중요한데, 문장에 흥미가 생겨 '읽어보자'라는 마음을 일으키기 때문입니다.

미국 라파예트대학 심리학부의 매슈 맥글론 연구진은 피험자에게 '운韻을 따른 속담 풍의 문장'과 '의미는 같지만 운을 따르지 않은 문장'을 읽게 하고 어느 문장이 더욱 현실을 반영하고 있는지 비교하는 실험을 했습니다. 그 결과, 많은 피험자가 운을 따른 속담 풍의 문장이 더욱 신뢰가 간다고 대답했습니다. 운을 따름으로써 문장에 리듬이 생겨 뇌가 인지하기 쉽기 때문입니다.

운을 따르는 광고 문구들은 시간이 지나도 기억에 남는 것이 많습니다. 아주 옛날 건데도 기억에 남아있지 않나요?

같이의 가치
앞 뒤가 똑같은 전화번호
아버지는 말하셨지 인생을 즐겨라

🐻 나소심 씨, 이렇게 활용해보면 어떨까요?

도대체 뇌는 복잡한 정보를 얼마나 싫어하는 걸까요? 소심 씨의 문장은 얼핏 봐도 읽기 쉬운가요? 소심 씨 같이 상냥한 사람들은 자세하게 설명해주려다가 내용이 너무 길어지는 경우가 있어요. 우선 제목이나 광고 문구로 읽고 싶게 만듭시다. '문장의 리듬을 생각하고 문체를 통일한다', '운을 따르는 속담 풍 제목을 사용한다' 등의 방법을 사용해서요. 차차 소심 씨의 문장이 읽기 쉬워져 상사도 트집을 잡지 못하는 날이 올 거예요!

나소심 씨를 위한
문장 기술

31

:

끝까지 읽어줬으면 해요
– 수수께끼 풀이 효과

내가 쓴 글은

항상 끝까지 읽히지 않아요…….

대체 무엇이 잘못된 걸까요?

부디 끝까지 읽어주길 바라는

나소심 씨를 위한 문장 기술!

Cialdini, R. B. (2005), *"What's the best secret device for engaging student interest? The answer is in the title"*, Journal of Social and Clinical Psychology, Vol. 24, No. 1, pp.22-29.

수수께끼 풀이 효과를 사용하면
문장을 끝까지 읽게 할 수 있다

다른 사람의 글을 읽는 건 인내심이 필요한 일입니다. 더군다나 읽고 싶다는 생각이 들지 않을 때는 더욱 그렇습니다. 어떻게 해야 끝까지 읽어줄까요?

사회심리학자 로버트 치알디니는 『설득의 심리학Influence』 등으로 유명 저자가 되었습니다. 그가 일반인을 대상으로 책을 쓰기 시작할 때, 어떻게 하면 문장으로 흥미를 유발할 수 있는지 알기 위해 도서관으로 가 과학자가 초보자를 대상으로 쓴 책을 집중적으로 읽어보았다고 합니다. 잘 읽히지 않는 문장에는 '**이해하기 어렵고, 형식적이며, 전문용어가 많은**' 공통점이 있었고, 읽고 싶은 문장에는 '**논리가 명확하고, 유머러스하며, 생동감 있는 사례**'라는 공통점이 있었습니다.

이런 공통점들을 찾는 과정에서 읽고 싶으면서도 유다른 스타일 하나를 어느 천문학자가 쓴 책의 서두에서 발견했습니다.

인간이 태양계에서 가장 장관인 토성의 고리를 설명할 수 있을까? 토성의 고리는 유사한 것조차 없이 유일하다. 대체 무엇으로 만들어졌을까?

바로 '수수께끼'로 접근한 겁니다. 독자에게 질문까지 해서 더욱 심화시키기도 했습니다.

이 문제에 대해서 국제적으로 정평이 난 3개의 연구진이 토성의 고리가 가스/먼지 입자/얼음 결정이라며 모두 다른 답을 내놓았다. 같은 것을 보고서 왜 이렇게나 다를까? 정답은 무엇일까?

이 천문학자는 그 후, 20페이지에 걸쳐 '토성의 고리가 무엇으로 되어있는가'를 해명해 나갑니다. 답(얼음으로 뒤덮인 먼지)까지 읽고 난 치알디니가 이렇게 말했다고 합니다.

"나는 먼지에 흥미도 없고, 토성의 고리가 무엇으로 구성됐든지 간에 내 삶과는 관계가 없다. 하지만 이 20페이지를 읽는 동안, 그 수수께끼를 풀고 싶어서 탐닉하듯 읽고 말았다."

서두에 수수께끼를 내고서는 그 답을 바로 밝히지 않는 방법으로 과학이론이나 실험의 설명을 가득 채운 문장을 독자가 지루해하지 않고 끝까지 읽게 만드는 데 성공한 것입니다.

치알디니는 여기서 배운 것을 집필뿐 아니라 수업에도 적용했고, 학생들의 집중도가 매우 다르다는 걸 느꼈습니다. 자신의 논문 제목마저 수수께끼 풀이 효과를 사용해 만들었습니다. '**학생이 흥미를 갖게 만드는 최고의 디바이스는 무엇인가? 답은 그 타이틀 안에 있다.**'

🧑 나소심 씨, 이렇게 활용해보면 어떨까요?

왜 끝까지 읽어주지 않는지, 이유를 다른 사람에게 묻는 것이 어려운 나소심 씨는 서두에 수수께끼를 낸 뒤 그것을 풀어가는 스타일을 취해보자고요. 궁금증을 유발할 수수께끼를 들으면, 흥미를 갖고서 끝까지 읽기 마련이니까요.

⋮

설득할 때 같은 말만 반복하게 돼요
– 구체적인 숫자 효과

아무래도 내 글에는

설득력이 부족한 거 같아요.

강하게 호소하기는 좀 그렇고…

설명하자니 같은 말만

되풀이하게 됩니다.

설득하려고 하면

같은 말만 반복하게 되는

나소심 씨를 위한 문장 기술!

Jamie Oliver, "Teach every child about food" /TED TALK 2010.

구체적인 숫자 효과를 사용하면
문장에 설득력과 임팩트가 생긴다

문장에 구체적인 숫자를 넣으면, 설득력이나 임팩트가 생깁니다. 다음 두 가지 문장 중 어느 쪽이 인상적인가요?

① 대부분의 사람이 울었다.
② 96.7%의 사람이 울었다.

많은 사람이 ②를 선택할 겁니다. 그렇다면 이건 어떤가요?

① 지금까지 많은 분이 이용하셨습니다.
② 지금까지 3만 2,458명이나 되는 분들이 이용하셨습니다.

역시 ②가 인상에 남을 것입니다. '대부분', '많은', '큰' 등의 단어는 사람에 따라 느끼는 정도의 차이가 있습니다. 하지만 구체적인 숫자를 넣으면 이 애매함이 사라지고 인상에 강하게 남는 문구가 됩니다. 가능한 숫자를 세세하게 표시하면 신빙성을 주기 쉬워집니다. 강한 임팩트로 기억에 오래 남기고 싶을 때는 딱 떨어지는 작은 숫자로 설정하는 방법도 있습니다. 너무 큰 숫자는 실감하거나 공감하기 어려울 수도 있기 때문입니다.

영국의 유명 셰프인 제이미 올리버는 2010년 TED 강연의 서두에서 충격적인 숫자를 사용했습니다.

"지금부터 이야기할 18분 동안, 네 명의 미국인이 사망할 것입니다. 음식 때문입니다."

이것이 "연간 11만 7천 명의 미국인이 죽고 있습니다. 음식 때문입니다."라는 스피치였다면 어땠을까요? 숫자가 너무 커서 그다지 와닿지 않았을 겁니다. 그것을 올리버는 프레젠테이션이 진행되는 18분 동안으로 환산해 표현함으로써 커다란 임팩트를 주었습니다. '18분 동안 4명이 죽는다'라는 숫자는 많은 청중의 기억에서 떠나지 않았습니다.

이처럼 숫자를 사용할 경우, '신뢰성'을 얻고 싶다면 가능한 크고 자세한 숫자를 사용하고, '기억'에 남고 싶다면 가능한 한 딱 떨어지는 작은 숫자를 사용하면 효과적입니다.

🐻 나소심 씨, 이렇게 활용해보면 어떨까요?

설득력 때문에 고민인 나소심 씨. 힌트가 될 만 한 건 없었나요? 숫자의 마법은 다양하게 사용할 수 있어요. 영양 드링크 광고에서 이런 내용을 들은 적 있었을 거예요.

'타우린 1,000mg 배합'

그램으로 표기하면 '타우린 1g 배합'일 뿐인데, 1,000mg으로 표기하면 많이 배합된 인상을 주죠. 이것과 마찬가지로

'레몬 50개 분량의 비타민 C를 배합'

이렇게 쓰여있으면 대량의 비타민 C가 포함된 이미지인데, 레몬 1개 분량의 비타민 C 함유량은 20mg 정도밖에 안 되니까 레몬 50개는 결국 1,000mg=1g인 거예요. 단위를 바꿔 심리적인 효과를 내는 기술이죠.

나소심 씨를 위한
문장 기술

33

⋮

글마저도 존재감이 옅어요
- 숫자 리듬 효과

평소에 존재감이 옅은 나지만,

글마저도 존재감이 옅어요.

어떻게 하면

인상에 남는 문장을 쓸 수 있을까요?

문장 정도는 인상에 남고 싶은

나소심 씨를 위한 문장 기술!

'숫자의 리듬'

King, D., & Janiszewski, C. (2011), *"The sources and consequences of the fluent processing of numbers"*, Journal of Marketing Research, 48, pp327–341.

Marc Andrews, Matthijs van Leeuwen, Rick van Baaren. (2014), *"Hidden Persuasion: 33 psychological influence techniques in advertising"*, BIS Publishers.

숫자 리듬 효과를 사용하면
인상에 남는 문장을 쓸 수 있다

문장, 광고 문구, 제품명 등에 적절한 숫자를 사용하면 '**뇌에 강한 인상**'을 줄 수 있고, 그로 인해 호감도가 높아져 상품 판매에 긍정적인 영향을 미친다고 합니다. 숫자를 사용할 때는 이미지를 쉽게 느끼도록 리듬도 고려해야 합니다.

미국 텍사스대학의 소비심리학자 대니얼 킹 연구진은 숫자에 관한 흥미로운 연구를 시행했습니다. A와 B, 두 그룹의 피험자들에게 캠벨사의 채소 수프와 채소 주스V8 중 하나를 고르게 하는 실험입니다. 피험자들에게는 고르기 전에 채소 주스에 관한 다음의 광고 문구를 보여주었습니다.

A 4가지 비타민과 2가지 미네랄의 필요량을 V8 주스로 보충합시다.
B 비타민과 미네랄의 필요량을 V8 주스로 보충합시다.

'4, 2, 8'이라는 숫자가 들어간 광고 문구를 본 A그룹의 피험자가 채소 주스를 선택하는 비율이 높았습니다. 이는 4×2=8이라는 쉬운 계산이 뇌에 인상을 남기는 '숫자 리듬 효과'를 만들었기 때문이라고 추측할 수 있습니다.

프레젠테이션의 달인으로 유명한 애플의 고故 스티브 잡스가 숫자를 효과적으로 사용하는 것으로 아주 유명했습니다. 2001년 최초의 iPod을 발매할 때의 프레젠테이션을 예시로 들어보겠습니다. iPod의 장점인 5GB라는 큰 용량과 185g라는 가벼운 무게,

그리고 작은 크기의 뮤직 플레이어라는 장점들을 어떻게 전달할지가 중요한 과제였습니다. 잡스는 용량이나 무게 등의 숫자를 내세우는 것만으로는 부족하다고 느끼다가 결국 다음의 문구를 고안해냈습니다.

'주머니에 1000곡을'

이미지가 바로 떠오르는 훌륭한 숫자 사용법입니다.

🐼 나소심 씨, 이렇게 활용해보면 어떨까요?

이야, 숫자의 마법이라니 놀랍네요. 영어에는 이런 속담도 있다고 하네요.

Figures don't lie, but liars figure.
(숫자는 거짓말을 하지 않는다. 그러나 거짓말쟁이는 숫자를 사용한다.)

거짓말쟁이가 되면 안 되겠지만, 믿음을 주어야 할 때는 숫자를 사용해보세요. 나소심 씨도 인상에 남는 문장을 쓸 수 있으면 좋겠습니다.

'무슨 말인지는 알겠는데'라는 말을 들어요 – 유추 효과

"무슨 말인지는 대충 알겠는데,

이미지가 떠오르지 않네."

라는 말을 자주 듣습니다.

'아리송하게 만들기 대회'

만년 우승자인……

나소심 씨를 위한 문장 기술!

'유추'

Thibodeau, P. H., & Boroditsky, L. (2011), *"Metaphors we think with: The role of metaphor in reasoning"*, PLoS ONE, 6(2), Article e16782.

유추 효과를 사용하면 직관적으로
이미지가 떠오르는 문장을 쓸 수 있다

일반적인 설명으로는 이해하지 못했는데, 유추(아날로지)나 은유(메타포)를 사용한 설명을 듣고서는 쉽게 이해했던 경험이 있을 겁니다.

예를 들어 디즈니랜드는 놀이공원 내부를 '푸른 하늘을 배경으로 하는 거대한 스테이지'라는 하나의 아날로지로 구성합니다. 놀이공원의 다양한 것들이 '스테이지에서 상연하는 쇼'라는 생각을 심어주는 것과 동시에, 스태프들에게도 자신이 스테이지에서 연기하는 '배역'이라는 자각을 심어주는 데 성공했습니다. 놀이공원 전체가 무대라는 직관적으로 이해하기 쉬운 아날로지가 없었다면, 스태프들이 이러한 의식을 갖게 하는 건 지극히 어려운 일입니다.

은유라는 비유도 유추의 일종으로 본래 관계없는 사안과 사안을 연결함으로써 독자가 직관적으로 이해할 수 있도록 돕는 것입니다. 미국 스탠퍼드대학 심리학과의 폴 디보도우와 레라 보로디츠스키는 두 그룹에게 각각 비유만 다른 기사를 인터넷으로 읽게 했습니다. 아래의 두 가지입니다.

① 범죄는 에디슨시를 습격하는 야수다. 일찍이 평화로웠던 시의 범죄율은 과거 3년 동안 꾸준히 증가하고 있다.
② 범죄는 에디슨시를 감염시키는 병균이다. 일찍이 평화로웠던 시의 범죄율은 과거 3년 동안 꾸준히 증가하고 있다.

범죄에 사용된 비유가 '야수'인지 '병원균'인지의 차이만 있습니다. 본질적으로는 실제 범죄와 아무런 관련이 없지만, 이것을 읽은 그룹에게 '이 도시에서 어떤 해결법을 택하면 좋을까?'라는 질문을 하자, 두 그룹 사이에 커다란 차이가 나타났습니다. ①의 기사를 읽은 그룹은 '범죄자를 체포하여 교도소에 보낸다.'라는 대답이 많았고, ②의 기사를 읽은 그룹은 '확산을 방지하고 유해한 상태를 개선한다.'라는 대답이 많았습니다. 비유(야수·병원균)가 대답에 커다란 영향을 미친 것입니다. 이처럼 유추와 비유를 잘 사용한다면 직관적인 이미지를 주는 글이 될 뿐만 아니라 독자의 생각마저 바꿀 수 있습니다.

🐧 나소심 씨, 이렇게 활용해보면 어떨까요?

결과가 이렇게나 다르다니. 유추와 비유의 힘이 대단하네요. 이 기술을 문장에 잘 도입한다면 설득력을 기를 수 있겠는데요? 만약 나소심 씨가 업무 중에 발생한 트러블을 상사에게 보고해야 한다면, 그 트러블을 '벽'으로 비유해 설명하는 거죠. '정면으로 벽에 부딪히는 것만이 해결책은 아니다. 벽을 뛰어넘거나 구멍을 파 지하로 건너거나 옆으로 돌아가거나 하는 다른 방법이 있을 것이다.' 이런 말 뒤에 구체적인 대책을 제시하면 상사도 이해하기 쉬울 거예요.

나소심 씨를 위한
문장 기술

35

:

'핵심이 뭔데?'라는 말을 들어요
– 중요 강조 효과

중요한 내용을

제대로 전달하지 못하나 봐요…

핵심을 전하는 방법 없을까요?

핵심을 전달하지 못해

글쓰기가 힘 빠지는

나소심 씨를 위한 문장 기술!

'강조의 기술'

Sanford, A. J., & Graesser, A. C. (2006), *"Shallow processing and undrspecication"*, Discourse Processes, 42, pp99-108.

Sanford, A. J. S., Sanford, A. J., Molle, J., & Emmott, C. (2006), *"Shallow processing and attention capture in written and spoken discourse"*, Discourse Processes, 42, pp109-130.

중요 강조 효과를 사용하면
이해시키기 쉽다

귀가 아프실 수도 있겠지만…, 아무리 보고서를 읽어야 하는 상사라도 남의 문서에 관심과 흥미를 갖는 건 어려운 일입니다. 특히 비즈니스 문서는 마지못해 읽으니, 읽어도 내용이 머릿속에 들어오질 않습니다. 이런 상황에서 문장이 지루하고 강약도 없다면 중요한 부분이 전해지지 않는 게 당연한 일입니다. 핵심 내용을 전달하는 방법을 알아봅시다.

영국 글래스고대학의 앤서니 샌퍼드 박사 연구진은 전체 문장에서 이탤릭체로 쓰인 단어가 그렇지 않은 단어보다 독자의 주의를 끈다는 것을 밝혀냈습니다. '이건 당연한 이야기 아니야?'라고 생각하실 수 있겠지만, 이런 작은 기술도 분명 요긴하게 쓰일 때가 있을 겁니다. 일반적인 서체와 다른 느낌을 주는 이탤릭체가 그 문장의 중요도를 타인에게 인식시키는 것입니다.

물론, 다른 방법들도 있으니 소개합니다.

'밑줄을 친다.'
'형광펜을 사용한다.'
'폰트를 굵게 한다.'
'글자 크기를 키운다.'
'글자 색을 바꾼다.'
'테두리를 친다.'

조금 더 색다른 방식으로 취소선을 사용해 강조하는 방법도 있습니다.

'쓴 문장을 취소한다.'

이런 기술을 사용해서 **중요한 부분은 한눈에 알아볼 수 있도록 표시를 해보세요.** 글을 읽어야 하는 독자의 부담이 크게 줄어들어 핵심을 인지하기 아주 쉬워질 겁니다.

🧑 나소심 씨, 이렇게 활용해보면 어떨까요?

알기 쉬운 문장은 얼핏 보고도 중요한 부분을 곧바로 알 수 있어요. 아무리 좋은 글을 썼다고 해도, 문서 자체가 읽기 어려워 핵심을 알 수 없다면 아무도 읽고 싶지 않을 거예요. 반면교사로 삼을 만한 거라면, 관공서에서 오는 편지나 전자 제품의 매뉴얼? 여러 번 읽어도 머리에 안 들어오거나, 대부분 잘 읽지도 않는 문서들이죠. 나소심 씨가 글로 무언가를 전달하고 싶은데, 문장력에 자신이 없다면 이런 강조의 기술을 사용해보세요. 도움이 될 거예요. 기술을 쓰고 말고의 차이는 상당할 거라고요!

36

:

내게만 답장이 오지 않아요
– 2인칭 당신 효과

내가 보낸 메일에는

답장이 없는 상사.

하지만 옆자리 동료는

"팀장님은 회신이 빨라서 좋아." 라네요?

저, 미움받고 있는 걸까요……?

내 메일이 눈에 띄었으면 하는

나소심 씨를 위한 문장 기술!

D'Ailly, H. H., Simpson, J., & MacKinnon, G. E. (1997), *"Where should "you" go in a math compare problem?"*, Journal of Educational Psychology 89, no. 3, pp562–67.

2인칭, 당신 효과를 사용하면
자신과 관련 있다고 생각할 수 있다

직장인 대부분이 대량의 정보 속에서 허우적거리고 있을 겁니다. 당신이 메일을 보낸 상대방도 평소에 막대한 양의 메일을 받고 있다면, 고의적인 게 아니라 눈치채지 못했거나 깜빡 잊어버렸을 수 있습니다. 그런 사태를 방지하기 위해서는 무엇보다 **상대가 '이것은 자신과 관련 있는 정보'라고 느끼게 할 필요가 있습니다.** 비즈니스 문서를 작성할 때도 적용되는 중요한 문제입니다. 정보가 넘쳐나는 현재 사회에서는 '자신과 관계없다.'라고 느껴지는 문장은 눈 깜빡할 사이에 PASS! 당하기 마련입니다.

자신과 관련 있는 정보라고 느끼게 만드는 방법은 **'이 글은 당신을 대상으로 쓰고 있다.'**라고 명확하게 밝히는 것입니다. 예를 들어 메일 제목에 상대방의 '이름'을 넣어보면 어떨까요?

'(차○○ 씨께) 3월 간행 책자에 관한 상담'

이름은 '나와 관련 있다'라고 생각하기 가장 쉬운 단어이므로 '당신을 위한 메일입니다.'라는 느낌을 전달하기 쉽습니다.

광고 문구나 마케팅 관련 편지도 3인칭보다 2인칭인 '당신'이라는 단어를 사용해 말을 거는 게 '자신과 관련 있다'라고 생각하기 쉽습니다. 캐나다 워털루대학 샤오 댈리 박사 연구진은 초등학생을 대상으로, 산수 문제에서 인칭을 변화시키는 것에 따른 정답률 변화를 실험했습니다.

① 당신은 세 개의 공을 가지고 있습니다. 당신의 공이 민수보다 두 개 더 많습니다. 자, 민수는 몇 개의 공을 가지고 있을까요?
② 철수는 세 개의 공을 가지고 있습니다. 철수의 공이 민수보다 두 개 더 많습니다. 자, 민수는 몇 개의 공을 가지고 있을까요?

결과는 ①번 문제가 정답률이 높았습니다. '당신'이라는 말로 시작함으로써, 어린이들은 문제를 자신의 문제로 치환할 수 있었고 이로 인해 정답률이 높아진 진 것입니다.

🐑 나소심 씨, 이렇게 활용해보면 어떨까요?

당신의 메일을 상사가 자주 잊는다고 '미움받고 있나?' 의심할 것이 아니라, 애초에 메일을 인지하지 못했을 가능성을 고려해보는 게 좋겠어요. 그렇다면 우선, 메일을 보낼 때 어떻게 하면 상사에게 '읽을 필요가 있는' 메일로 인식시킬 수 있을지 궁리해 보아야겠죠. 광고 문구나 마케팅 관련 편지 등 불특정 다수를 대상으로 쓰면 '자신과 관련 있다'라고 생각하기 쉽습니다.

37

:

마음을 흔드는 글…?
– 스토리 효과

제 성격상 말로는
절대 무리예요.
글로나마 마음을 흔드는 사람이
되고 싶은데….
좋은 방법 없나요?

입이 안 되면 손으로라도
마음을 움직이고 싶은
나소심 씨를 위한 문장 기술!

‘스토리의
황금률’

Hasson, U, Ghazanfar, AA, Galantucci, B, Garrod, S & Keysers, C. (2012), *"Brain-to-brain coupling: a mechanism for creating and sharing a social world"*, Trends in Cognitive Sciences, vol. 16(2):, pp114-121.

Uri Hasson, "This is your brain on communication" /TED TALK 2016.

스토리 효과로 감정을 흔든다

글로 감정을 흔들고 싶다면, 스토리만큼 효과적인 방법은 없습니다. 인간은 이야기를 무척이나 좋아하는 동물이니까요. 소설, 영화, 드라마, 만화, 애니메이션, 게임 등 픽션뿐만이 아니라 논픽션 분야까지도 대부분 스토리 요소가 포함되어 있습니다.

'어째서 스토리에 끌리는 걸까?'를 정확하게 알 수는 없지만, 확실한 건 스토리에 감정이 흔들린다는 것입니다. 심지어는 실무적인 프레젠테이션, 마케팅, 리더십, 이노베이션 등의 비즈니스에서도 효과적입니다. Chapter 3의 문장 기술 21에서 이야기했던 **신원을 아는 피해자 효과**도 스토리를 이야기하는 거라고 볼 수있죠.

미국 프린스턴대학의 신경학자인 우리 하슨 연구진은 기능적 자기공명 영상장치인 fMRI를 사용해 소리, 단어, 문장, 스토리를 들었을 때의 뇌 변화를 조사했습니다. 그 결과, 스토리를 들었을 때 뇌의 모든 분야가 가장 활발해진다는 것을 알 수 있었습니다. 또 말하는 사람과 듣는 사람의 청각 분야 뇌파가 스토리와 연동되며 함께 오르락내리락한다는 것도 알 수 있었습니다.

소개한 연구는 입말 연구이지만, 글말에서도 스토리가 인간의 감정을 크게 흔든다는 건 예로부터 의심할 필요가 없는 사실입니다. 스토리에도 감정을 뒤흔드는 '황금률'이 있습니다.

[스토리의 황금률]
① 무언가 결핍/결여된 주인공이
② 험난한 목표를 어떻게든 성취하려고
③ 수많은 장애, 갈등, 적과 맞서 싸운다.

이 법칙은 많은 소설, 영화, 드라마, 만화 등의 픽션, 논픽션, 다큐멘터리… 역사를 크게 움직인 연설에도 해당합니다. 말하자면 인류의 공통된 감동 포인트라는 겁니다. 사람의 마음을 뒤흔드는 문장을 쓰고 싶을 때는 염두에 두어야겠습니다.

나소심 씨, 이렇게 활용해보면 어떨까요?

사실 이 책도 말로는 표현하기 어려워 글을 택하는 나소심 씨를 주인공으로 한 스토리죠. 어느 곳이든 사용할 수 있으니, 나소심 씨도 의식해서 스토리를 사용하면 좋겠습니다. 예를 들어 사무실에서 관엽 식물을 키우고 싶다면, 관엽 식물의 금액과 놓아둘 장소 등을 보고서만으로 정리해 제출하는 것보다, 칙칙한 직장에 관엽 식물을 둠으로써 힐링되어, 커뮤니케이션이 원활해지는 모습을 스토리로 써보는 것은 어떨까요? 아, 물론 금액과 놓아둘 장소도 필요한 정보입니다.

Chapter

5

알아서
납득하게 만드는
문장의 기술

완고한 사람은 설득할 수 없어요
– 공통 목표 효과

오해를 바로잡고 싶은데

너무 완고해서…

제 말을 듣지 않아요.

완고한 사람 앞에선

벙어리가 되는

나소심 씨를 위한 문장 기술!

'공통 목표'

Horne Z, Powell D, Hummel JE, & Holyoak KJ. (2015), *"Countering antivaccination attitudes"*, Proceedings of the National Academy of Sciences of the United States of America, 112(33), pp10321–10324.

공통 목표 효과를 사용하면
완고한 생각도 바꿀 수 있다

명백하게 잘못된 의견이어도, 그 의견을 옳다고 생각하는 사람이 의견을 번복하게 만드는 건 지극히 어려운 일입니다. 자신의 의견을 지지하는 정보에만 주목하고, 반증하는 정보에는 관심을 두지 않기 때문입니다. 이 경향을 심리학 용어로 **확증 편향**confirmation bias이라고 부릅니다.

또, 강하게 믿는 사람에게는 객관적 사실을 기반으로 잘못을 지적해도, 오히려 더욱 완강히 자기 의견을 믿게 된다는 **역화 효과**backfire effect도 있다고 합니다. 정치나 외교 등의 분야에서 특히나 두드러지는 현상입니다. 어떻게 해야 잘못된 의견을 완고하게 믿는 사람을 설득할 수 있을까요?

미국 일리노이대학 어바나 샴페인 캠퍼스의 재커리 혼 박사와 캘리포니아대학 로스앤젤레스 캠퍼스의 연구진은 완고한 의견을 어떻게 하면 바꿀 수 있을지 실험했습니다. 미국에서는 유치원에서 MMR 백신(홍역, 유행성 이하선염, 풍진의 3종 혼합)을 맞으면, 큰 부작용이 있다는 속설을 믿어왔습니다. 그 결과, 예방 접종률의 저하와 홍역 재발을 초래하여 2014년에는 전년도의 3배나 되는 644건의 홍역이 보고되었습니다. 과학적 근거가 인정되지 않은 속설을 완강히 믿는 부모들이 아이에게 MMR 백신을 접종시키지 않은 겁니다. 의사가 아무리 객관적인 데이터를 보여주며 안전하다고 권해도 부모들은 점점 완고해질 뿐이었습니다.

그래서 연구진은 의사가 부모에게 'MMR 백신은 큰 부작용을 일으키지 않는다'라고 설득하기를 그만두고, 다른 방법을 사용해보도록 요청했습니다. '아이를 생명의 위험에 빠트리지 마세요.'라는 **의사와 부모의 공통 목적을 강조**하는 것이었습니다. 그래서 'MMR 백신은 홍역 등 죽음으로 이어질지도 모르는 병을 예방한다'라는 긍정적인 사실만을 강조하기로 했습니다. 그 결과, MMR 백신 접종에 동의하는 부모가 명백하게 증가했습니다.

상대방의 의견을 바꾸려면 **그 사람이 원래 가지고 있는 완고한 의견을 바꾸려고 하지 말고, 공통된 목표로 삼을 수 있는 다른 의견을 심어주는 편이 빠릅니다.** 이 방법은 비즈니스, 정치, 외교 등의 분야에서도 응용할 수 있습니다.

나소심 씨, 이렇게 활용해보면 어떨까요?

완고한 사람의 의견을 정면돌파로 바꾸는 것은 그 누구라도 힘들 거예요. **'틀렸어요.'라고 지적하면 점점 더 완고해질 뿐이죠.** 나소심 씨는 꼭 이 연구를 참고해서 목적을 이루었으면 좋겠어요. 상대방이 양보하지 않는 완고한 부분을 논리로 설복시키려는 것이 아니라, 새롭게 서로의 공통 목표를 발견하고, 그것을 함께 이뤄내는 입장으로 글을 써보세요. 상대방의 태도가 부드러워질 수밖에 없어요.

：

교섭에서 항상 열세에요
- 부탁 플러스 효과

가격 교섭을 할 때 항상 밀리는데,
아시다시피 강하게 말할 순 없어요.
분쟁 없이 교섭하는 방법이 필요해요.

어디까지 밀릴지
자신도 몰라 불안한
나소심 씨를 위한 문장 기술!

'부탁 플러스'

Blanchard, Simon J., Kurt A. Carlson & Jamie D. Hyodo. (2016), *"The Favor Request Effect: Requesting a Favor from Consumers to Seal the Deal"*, Journal of Consumer Research, 42 (6), pp985-1001.

부탁 플러스 효과로
좋은 결과를 만들 수 있다.

타인과 교섭할 때, 상대의 요구만 받아들이려는 사람은 없을 겁니다. 그렇다고 자신의 요구만 밀어붙이면 교섭이 결렬될 수 있으니 아주 위험한 태도입니다. 애초에 나소심 씨니까 걱정할 필요가 없는 부분인가요? 아무튼, 요구를 전달하는 기술 하나로 분쟁 없이 좋은 결과를 내봅시다.

미국 조지타운대학 맥도너 경영대학원의 사이먼 J. 블랜처드 준교수 연구진은 가격 교섭 시 **금액으로 타협안을 제시하는 대신 '새로운 부탁'**을 하는 게 교섭에 플러스 효과를 더한다는 것을 증명했습니다. 실험은 판매자와 구매자가 한 조가 되어 커피 테이블과 레코드 플레이어를 매매하는 교섭을 진행하는 것입니다. 이때 판매자를 아래의 두 그룹으로 나누고 각각 구매자가 교섭에 응할지를 조사했습니다.

구매자 ① 에누리를 제안한다.
구매자 ② 에누리 제안과 함께 새로운 부탁을 한다.

새로운 부탁이란 '가격을 깎아드릴 테니 호의적인 리뷰를 써주세요.'라거나 '가격을 깎는 대신 지인들에게 가게를 추천해주세요.'와 같은 것입니다. 결과가 어땠을까요? 훨씬 쉬운, 가격 인하에 아무런 조건도 붙지 않은 ①쪽이 많을 거로 생각했는데 신기한 결과가 나왔습니다. 가격 인하뿐인 ①에 응할 확률은 40%

였는데, ②의 새로운 조건이 붙은 제시는 62.4%였던 겁니다.

왜 이런 결과가 나왔을까요? 블랜처드 준교수 연구진은 다음과 같이 유추합니다. '구매자는 잠재적으로 판매자를 경계한다. 그러므로 가격만 제시되면 그것이 정말 최저 가격인지 알 수 없다. 그러나 판매자가 새로운 조건을 추가하면 그 가격이 최저에 가까운 것이라고 인식한다.'라고 말입니다. 새로운 조건을 추가한다는 건, 판매자가 그냥 팔기에는 아깝다고 생각할 가격이라는 거죠. 판매자도 팔려고 노력하고 있다고 생각한다는 겁니다.

🧑 나소심 씨, 이렇게 활용해보면 어떨까요?

인간은 합리적이지 못한 동물이죠. 굳이 손해(?) 보는 행동을 선택하다니요. 나쁜 기술은 아니니까 교섭을 해야 한다면 기억해 두자고요.

"알겠습니다. 이만큼 깎아드릴 테니 대신에 ○○해 주셨으면 합니다."

라고 부탁을 해봅시다. 똑같은 가격이지만, 교섭 성공 확률이 높아지는 건 물론, 작은 이득까지 있으니까요.

나소심 씨를 위한
문장 기술

할 거라고 말만 해요
– 선행 자극 효과

검진하러 간다고 말은 하는데,
몸은 움직일 생각을 하지 않아요.

가족조차 부탁을 들어주지 않는
나소심 씨를 위한 문장 기술!

'선행 자극'

Leventhal, H., Singer, R., & Jones, S. (1965), *"Effects of fear and specificity of recommendation upon attitudes and behavior"*, Journal of Personality and Social Psychology 2, pp20–29.

선행 자극^{프라이밍} 효과를
사용하면 행동으로 옮긴다

'하려고 생각하는 것'과 '실제 하는 것' 사이에는 커다란 차이가 있습니다. '해야겠다'라고 생각하고 있어도 좀처럼 실행하지 못 하는 경우가 아주 많은데, 나소심 씨도 이런 경험이 있지 않나요? 유명 강연을 듣고 너무 좋은 내용이라서 다음날부터 따라 하려 했지만, 왠지 모르게 미루다가 결국 실행하지 못한 경험 말입니다.

저도 당연히 경험해 봤습니다. 인간은 행동하려고 생각하고 있어도 미루거나 잊어버립니다. 자신도 이렇게 다루기 어려운데, 타인이 행동하게 만드는 방법이 있을까요? 어떻게 해야 실행에 옮기게 할 수 있을까요? 바로 **기분이 들떠있을 때, 행동의 계기를 만들어두는 것**이 포인트입니다.

앞서 정한 사항이 나중 행동에 큰 영향을 미치는 것을 심리학에서는 **선행 자극 효과**라고 합니다. 이를 50년도 전에 실제로 증명한 사람이 심리학자인 하워드 레벤탈 박사 연구진입니다. 연구진은 미국 예일대학 캠퍼스에서 피험자인 대학생들에게 파상풍 위험을 이야기하는 강연을 듣게 했습니다. 강연 중에 강연자가 지금 바로 학교 내 의료센터에서 예방 접종을 해야 한다고 설득했고, 학생 대부분이 예방 접종을 하러 가겠다고 약속했습니다. 학생들은 의료센터가 어디에 있는지도 알았고, 멀지 않다는 것도 알았지만 실제로 예방 접종을 진행한 비율은 겨우 3%에 불과했습니다.

연구진은 추가로 실험을 진행했습니다. 새로운 피험자 그룹에게 같은 강연을 듣게 한 후, 의료센터가 표시된 지도를 나눠 주었습니다. 그러고 나서 언제 예방 접종을 하러 갈 것인지 스케줄을 점검하게 하고, 어느 루트로 갈 것인지 확인하게 했습니다. 겨우 이만큼의 선행 자극으로 **예방 접종의 비율이 무려 28%로, 이전보다 9배나 증가**했습니다. 단순히 '예약하라'라고 요구하는 게 아닙니다. '스케줄이나 의료센터의 위치를 확인한다'라는 선행 자극이 예방 접종을 하러 가는 행동의 계기가 된 것입니다.

일본 도쿄도의 다치카와시에서 선행 자극 효과를 도입하여 유방암 검사 진찰률을 큰 폭으로 높이는 데 성공했습니다. '유방암 위험을 이해하고 있지만, 진찰하러 가진 않는 그룹'을 대상으로 진찰 계획 카드를 보냈습니다. 검진받는 계획을 세우는 선행 자극 효과를 위한 것이었습니다. 그러자 **진찰율은 7.3%에서 25.5%로 3배 이상 증가**했습니다.

🙂 나소심 씨, 이렇게 활용해보면 어떨까요?

중요한 검진인데도 좀처럼 받으려 하지 않는 가족이 있다면, 이 기술을 써보세요. 마음먹게 하기는 어려운 일이지만, 어느 정도 효과가 입증된 기술이니까요. 실험에서도 알 수 있듯이 인간은 갈 마음이 있어도 좀처럼 실행하려고 하지 않죠. 그러니까 나소심 씨가 조금씩 선행 자극을 주는 거예요. 검진의 중요성이 담긴 글귀와 검진 장소를 적어 두세요. 조금씩 선행 자극을 주다 보면 머지않아 행동으로 옮기게 될 거예요.

나소심 씨를 위한
문장 기술

41

⋮

실수를 만회하고 싶어요
– 실수 수용 효과

실수했습니다.

그렇다고 인정하기엔

주변의 반응이 두려워요…….

실수를 숨기고 싶은

나소심 씨를 위한 문장 기술!

'잘못 인정하기'

Lee, F., Peterson, C., & Tiedens L. Z. (2004), *"Mea culpa: Predicting stock prices from organizational attributions"*, Personality and Social Psychology Bulletin, 30(12), pp1636–1649.

실수 수용 효과를 사용하면
주변의 반응을 바꿀 수 있다

정치가나 연예인의 잘못으로 불거지는 이슈가 비일비재합니다. SNS에서의 혼잣말, 기자회견 내용이 불에 기름을 붓기도 하고, 비난의 댓글이 마구 쏟아지기도 합니다. 그런데 말입니다, 당신에게도 일어날 수 있는 일입니다.

명백한 실수를 했을 때 어떻게 하면 이미지를 회복할 수 있을까요? 자신 혹은 자기 조직의 책임으로 돌리는 것이 좋을까요? 아니면 외부 환경의 탓으로 돌리는 것이 좋을까요? 미국 미시간 대학 피오나 리 교수 연구진은 이를 확인하기 위해서 가상의 회사 이름으로 '연차보고서(전년도 실적 부진의 원인을 설명한 것)' 두 종류를 준비해 227명의 대학생에게 나눠서 읽게 했습니다.

A 금년도 예상 밖의 수입 감소 이유는 당사가 작년도에 내린 전략적 판단에 의한 것이다. (중략) 또한 경영진은 국내외 요인으로 인해 발생한 예측하지 못한 사태에 대해 준비가 충분하지 않았다.
B 금년도 수입 감소는 예상 밖의 국내외 경기 악화와 국제 경쟁의 격화에 의한 것이다. (중략) 이러한 예상 밖의 상황은 연방 정부의 법률 때문이며, 당사가 제어할 수 없는 문제였다.

A는 수입 감소의 원인을 자사의 책임이라고 인정하고, B는 외부 환경의 탓으로 돌리며 자신의 책임은 인정하지 않는다는 내용입니다. 보고서 A를 읽은 그룹이 회사에 호감을 느낀다는 것을 알 수 있었습니다. 즉, **자사의 책임을 제대로 인정한 기업의 호감**

도가 높았습니다. 이는 여러 불상사의 기자회견을 봐도 알 수 있습니다. 처음에 제대로 사과하고 원인을 규명하기로 약속을 하고 "앞으로 두 번 다시 문제가 발생하지 않도록 하겠습니다."라고 말하면 그렇게까지 큰 비난을 받지 않는 경우가 많았습니다. 반면 책임을 회피하고 외부 환경의 탓으로 돌리면 큰 비난을 받는 경우가 많았죠.

🐱 나소심 씨, 이렇게 활용해보면 어떨까요?

남의 일일 때는 '왜 저렇게 대응하지?' 싶어도 막상 자신에게 그런 일이 일어난다면 책임을 회피하고 싶어질 거예요. 하지만 제대로 해결하는 방법은 인정하는 것이라는 걸 아셨겠죠? 나소심 씨도 정직하게 자신의 잘못을 인정하고 왜 그 일이 일어났는지, 이후 어떻게 대책을 세울 것인지를 진지하게 쓰려고 하면 좋을 거예요. 자신이 아닌 환경 탓으로 돌리면, 신용을 잃기 십상입니다. 서비스업에서는 실수가 발생했을 때 오히려 기회가 되기도 하는데, 제대로 사과하며 새로운 서비스를 하는 것으로 VIP 고객을 만드는 일도 있기 때문이죠.

:

직원의 사기를 올리고 싶어요
– 예기치 못한 선물 효과

직원들의 연봉을

올려주고 싶은 사장입니다.

지금 당장은 어려울지 몰라도…….

이런 제 마음을 어떻게 전해야

직원들이 동기부여가 될까요?

친절하고 거만하지 않은

나소심 씨를 위한 문장 기술!

‘예기치 못한
선물’

Gilchrist, D. S., Luca M., & Malhotra, D. (2016), *"When 3 + 1 > 4: Gift structure and reciprocity in the eld"*, Management Science, 62(9), pp2639-2650.

Bracha, A., Gneezy, U. & Loewenstein, G. (2015), *"Relative Pay and Labor Supply"*, Journal of Labor Economics, 33(2), pp297-315.

예기치 못한 선물 효과를 사용하면
직원의 사기를 올릴 수 있다

같은 선물이라고 해도 받는 타이밍이나 방법에 따라 받는 사람의 동기부여가 크게 달라집니다. 덩컨 길크리스트 등 하버드의 비즈니스 연구진은 급료와 업무량의 관계를 조사했습니다. 실험에서는 데이터 입력을 업무로 하는 266명을 세 그룹으로 나눈 뒤 시급을 정했습니다.

① 시급 3달러
② 시급 3달러로 합의한 후, 4달러로 인상
③ 시급 4달러

어느 것이 가장 동기부여가 되나요? 연구자들은 각 그룹의 생산성을 조사했습니다. 그 결과, ①과 ③은 시급에 명확한 차이가 있음에도 불구하고 생산성 차이가 없었습니다. 그러나 ②의 생산성은 달랐습니다. 무려 20%나 높아진 것입니다. 시급만 보면 ③과 같음에도 불구하고 말입니다. 즉, 처음에 낮은 시급이라고 생각하고 있었는데 **나중에 예기치 못한 시급 상승이 있었기 때문에 동기부여가 된 것**입니다. 열심히 하면 올려준다는 의미도 있겠죠.

급료와 동기부여의 관계는 그 외에도 여러 가지 요소가 관여합니다. 사무실 옆자리 동료의 월급을 알고 있나요? 만약 알고 있다면, 동기부여에 어떤 변화가 있을 것 같나요? 미국 보스턴 연방준비은행의 연구 부문에서 근무하는 행동경제학자 아낫 브라차는 직장에서 동료의 급료를 아는 것이 생산성에 어떤 영향을 미치는지를 조사했습니다. 이 실험은 피험자에게 단순한 작업을 하도록 하고 그 성과에 따라 급료를 지급하는 것으로, 다음 두 그룹으로 나누어 진행했습니다.

  A 단가 40센트
  B 단가 80센트

두 사람은 같은 작업을 합니다. 서로의 급료를 모를 때는 생산성에 큰 차이가 없었습니다. 그러나 서로의 급료를 알게 되자 어떻게 되었을까요? 그렇습니다. **A그룹의 생산성이 현저하게 저하**되었습니다. B그룹은 A그룹의 급료를 알아도 생산성에 거의 변화가 없었습니다. A그룹은 같은 작업을 하고 있는데 더 높은 단가를 받는 그룹의 존재를 알고 사기가 저하된 것입니다.

나소심 씨, 이렇게 활용해보면 어떨까요?

마음은 여려도 괜찮은 사장님이네요. 직원의 사기를 올리고 싶은 마음도 당연해요. 동료와 비교했을 때 자신의 급료가 낮으면 의욕을 잃기도 하니, 연봉을 올리는 일에도 주의가 필요합니다. 좋은 일이니, 가능한 직원들의 의욕을 돋우는 방법을 궁리해보세요.

⠿

좋은 일도 강하게 부탁할 수 없어요
- 사회적 증명 원리

회사에서 SDGs※ 담당이 되었습니다.

분명히 옳은 일이지만,

관심 두는 사람이 없어요.

모두의 의식을 바꿔보고 싶습니다.

책임감과 정의감이 강한

나소심 씨를 위한 문장 기술!

※ **SDGs** : Sustainable Development Goals의 약자로 지속
가능한 개발목표를 말한다. UN에서 2015년에 채택한 의제
로 인류의 보편적 문제와 환경문제, 경제 사회문제 등 17
가지 주요 목표와 169개 세부 목표로 구성되어 있다.

'모두가 하고
있어요.'

Nolan, J. M., Schultz, P. W., Cialdini, R. B., Goldstein, N. J., & Griskevicius, V. (2008), *"Normative social influence is underdetected"*, Personality and social psychology bulletin, 34(7), pp913-923.

Cialdini, R., & Schultz, W. (2004), *"Understanding and motivating energy conservation via social norms"*, Project report prepared for the William and Flora Hewlett Foundation.

사회적 증명 원리를 사용하면 주변 의식이 알아서 변한다

SDGs란 2015년 9월 UN 정상 회담에서 채택된 **지속 가능한 개발을 위한 국제 목표**를 말합니다. 2030년 달성을 목표로 하며 17개의 글로벌 목표와 169개의 달성 기준을 내걸고 있습니다.

이렇게 사회적으로 '옳은 일'을 소구할 때 참고할 만한 연구가 있습니다. 미국 애리조나 주립대학 로버트 차르디니 교수와 캘리포니아 주립대학 산마르코 캠퍼스의 웨슬리 슐츠 교수가 2001년부터 약 3년간 캘리포니아주의 산마르코스에서 실시한 실험입니다. 우선 대학원생들이 1,200세대 이상의 가정을 한 집씩 방문해 다음 세 종류의 문장이 적혀있는 도어 홀더를 무작위로 배포했습니다. 그리고 그 후의 각 가정의 전력 사용량 변화를 조사했습니다. 어떤 글이 가장 효과가 있었을까요?

❶ 에너지 절약으로 돈을 절약하자
  에어컨이 아니라 선풍기를 사용하면 한 달에 약 54달러를 절약할 수 있습니다.

❷ 에너지 절약으로 환경을 보호하자
  에어컨이 아니라 선풍기를 사용하면 온실가스 배출량을 한 달에 262파운드 줄일 수 있습니다.

❸ 미래 세대를 위해 에너지를 절약하자
  에어컨이 아니라 선풍기를 사용하면 월 전기요금을 약 29% 줄일 수 있습니다.

놀랍게도 세 가지 모두, 아주 조금의 에너지 절약으로도 이어지지 않았습니다. 연구진은 주민들에게 시행한 사전 설문 조사 결과로 ②의 '환경 문제를 호소한다'가 가장 에너지 절약에 도움이 될 것으로 예상했으나 실제 결과는 달랐던 것입니다. 연구는 여기서 끝나지 않았습니다. 사실 연구진은 다른 그룹에 하나의 도어 홀더를 추가해 배포하고 있었던 겁니다.

❹ 이웃과 함께 에너지를 절약하자
　당신이 사는 지역에서는 77%의 주민이 에어컨이 아니라 선풍기를 사용하고 있습니다.

④를 배포한 그룹만이 큰 폭으로 전력을 절약했습니다. 사전 설문 조사에서는 ④의 '모두가 하고 있다'라는 이유로는 '에너지 절약을 하는 계기가 되지 않는다'라고 응답했는데도 말입니다.

즉, 인간은 타인의 영향을 받지 않고 자기 의사로 결정을 내리려 하지만, **사실은 '타인이 어떤 행동을 취하고 있는가'에 가장 영향을 받는다**는 것입니다. 이처럼 어떤 상황에서 자신의 판단보다 주변 사람들의 판단에 영향을 받는 것을 사회심리학에서 **사회적 증명** Social proof이라고 부릅니다.

나소심 씨, 이렇게 활용해보면 어떨까요?

나소심 씨도 대단하네요. SDGs…? 잘은 모르지만 '옳은 일'을 실행하는 건 매우 어려운 일이죠. 그러니까 전달 방법이 좀 더 중요해지나 봐요. 이 연구에 따르면 '모두 하고 있습니다'라고 말하는 게 확률이 높아진다는데, 한번 시험해보세요.

나소심 씨를 위한
문장 기술

44

⋮

부정적인 정보를 전달해야 해요
– 긍정적인 강조법

귀를 막고 싶어지는

부정적인 정보를

모두에게 전달하는

역할을 맡았습니다.

어떻게 해야 들어줄까요?

싫어도 들어주었으면 합니다!

나소심 씨를 위한 문장 기술!

'긍정적으로 강조하기'

Karlsson, N., Loewenstein, G., & Seppi, D. (2009), *"The ostrich effect: Selective attention to information"*, Journal of Risk and Uncertainty, 38(2), pp95–115.

Genevsky, A., & Knutson, B. (2015), *"Neural affective mechanisms predict market-level microlending"*, Psychological Science, 26(9), pp1411-1422.

Katumba, K. (2018), *"How Melbourne Metro made a public service video marketing ad creative instead of doom and gloom"*, Smart Insights.

긍정적인 강조법을 사용하면 듣고 싶지 않은 정보에도 반응하게 할 수 있다

인간은 좋지 않은 상황에서 듣기 싫은 부정적 정보까지 접하게 되면, 본능적으로 피하거나 끊어 버리는 경향이 있습니다. 이를 심리학 용어로 **타조 효과**The Ostrich effect라고 합니다. 위험을 만난 타조는 머리를 모래 속에 처박아 주변 상황을 보지 않으려 한다는 에피소드에서 나온 말입니다.

스웨덴의 연구자인 니클라스 칼슨을 시작으로 카네기멜런대학의 행동경제학자인 조지 로웬스타인 교수와 같은 대학 금융경제학자인 듀언 세피 교수의 연구에 따르면 주주가 주식의 가치를 확인할 때도 타조 효과가 나타난다는 것을 알 수 있습니다.

미국의 어느 주식의 주주가 주가를 확인하기 위해 계좌에 로그인한 횟수(실제 매매는 제외)를 조사했는데, 주가가 상승할 때는 빈번히 계좌에 로그인했지만, 하락할 때는 로그인하지 않는다는 걸 확인했습니다.

역시 아무리 중요한 정보여도 듣기 싫은 부정적인 정보에는 귀를 닫을 가능성이 큽니다. 그래도 알아야만 하는 부정적인 정보도 있는 법이죠. 타조들이 주목하게 만드는 방법을 알아볼까요? 바로 **밝고 긍정적으로 전달하는 것**입니다.

미국 스탠퍼드대학 심리학부의 알렉산더 제네브스키와 같은 대학 신경과학연구소의 브라이언 넛슨은 치료를 위한 크라우드 펀딩 의뢰문에 긍정적 사진을 싣는 것과 부정적 사진을 싣는 것

중, 어느 쪽이 기금을 모으는 데 효과적인지 조사했는데, 긍정적인 사진이 효과적인 것으로 밝혀졌습니다. 긍정적인 사진을 보면 '보수 중추'라고 불리는 측좌핵 부분이 활성화되기 때문이라고 합니다.

2012년 호주 멜버른에서 실시된 사고 방지 캠페인인 'Dumb Ways to Die(바보같이 죽는 법)'가 하나의 사례입니다. 건널목을 무시하거나 선로에 멋대로 내려가는 등 멍청한 행동으로 죽는 사람을 줄이려는 캠페인이었는데, 부정적으로 전달하기 쉬운 주제였습니다. 하지만 젤리빈 풍의 귀여운 캐릭터가 경쾌한 음악에 맞춰 차례로 나타나서 검은색으로 죽어가는 재밌는 동영상으로 큰 화제가 되었고, 실제로 사고도 줄어들었다고 합니다. 48시간 동안 250만 회, 2주 동안 3천만 회, 2020년 1월까지 1억 8,500만 회의 조회수를 기록했습니다.

나소심 씨, 이렇게 활용해보면 어떨까요?

싫은 말을 해야 한다는 것. 나소심 씨에게 이처럼 어려운 일이 있을까요. 모두가 듣기 싫어하지만 중요한 정보라면 Dumb Ways to Die처럼 재밌는 요소를 첨가하면 괜찮지 않을까요? **밝고 긍정적으로!**

나소심 씨를 위한
문장 기술

45

:

금전적인 협상은 너무 어려워요
– 선행&끝수 제시 효과

견적 산출 협상이

어려워 난감합니다.

언제나 옥신각신,

진이 빠지는 일이예요.

특히나 금전 관련한

협상을 어려워하는

나소심 씨를 위한 문장 기술!

‘선행&끝수
제시’

Galinsky, A D., & Mussweiler, T. (2001), *"First offers as anchors: The role of perspective-taking and negotiator focus"*, Journal of Personality and Social Psychology, 81(4), pp657–669.

Mason, M. F. Lee, A. J., Wiley, E. A., & Ames, D. R. (2013), *"Precise offers are potent anchors: Conciliatory counteroffers and attributions of knowledge in negotiations"*, Journal of Experimental Social Psychology, 49(4), pp759–763.

선행&끝수 제시 효과를 사용하면
견적을 납득할 수 있다

　견적처럼 금액을 협상할 때는 처음에 금액을 제시하는 것이 일반적으로 유리하다고 합니다. 미국 유타대학의 사회심리학자인 아담 갈린스키 연구진은 2인 1조로 금액 협상을 하는 실험을 했습니다. 두 명 중 한 명은 금액을 처음에 제시하도록 지시받고, 다른 한 명은 처음에는 상황을 살피도록 지시받았습니다. 그 결과, 판매자건 구매자건 처음에 금액을 제시한 쪽이 유리한 교섭을 할 수 있다는 결과가 나왔습니다.

　가상의 공장을 매매하는 실험에서는 구매자가 처음에 금액을 제시하면, 최종 매매가 평균 1,970만 달러였던 것에 비해, 판매자가 처음에 금액을 제시하면 평균 2,480만 달러가 되었습니다. 상당히 큰 차이입니다. 왜 이와 같은 차이가 발생했을까요? **협상에서는 먼저 제시된 금액이 기준이라고 생각하게 된다는 것입니다.** 그 기준에서 금액을 더 늘릴까 줄일까를 협상하게 되므로 이런 결과가 발생한다고 합니다.

　참고로 끝수가 있는 금액을 제시하면 더 유리할 수도 있다고 합니다. 마리아 F 메이슨 박사와 미국 컬럼비아대학교 연구진은 가상의 중고차 거래 협상에서 끝수의 금액이 교섭에 어떤 영향을 미치는가를 조사했습니다. 실험에서 구매자는 세 종류의 희망 금액을 제시했습니다.

① 2,000달러

② 1,865달러

③ 2,135달러

그 결과, 판매자의 행동에 큰 변화가 있었습니다. 판매자는 ①의 상대에게는 23% 이상 높은 금액을 제시했지만, ②와 ③의 상대에게는 10~15% 높은 금액을 제시했습니다. 끝수가 있는 금액을 제시하여 효과를 본 것입니다. 메이슨 박사 연구진은 그 이유를 '제대로 조사하고 온 것이 분명하군.'이라며 그 숫자를 어떠한 근거가 있는 숫자로 간주하기 때문이라고 추측하고 있습니다.

나소심 씨, 이렇게 활용해보면 어떨까요?

물러설 수만은 없는 견적 협상, 정말 피하고 싶은 일이죠. 밀어붙이기는 부담스러운 나소심 씨니까요. 하지만 손해만 볼 순 없으니까 여기서 소개한 연구를 활용해서 용기를 가지고 먼저 금액을 제시하자고요. 끝수까지 제시해서 근거 있는 척하는 것도 잊지 말아요.

아! 이것도 참고해줘요. 예산이 이미 정해져 있는 거라면, "이 금액이 최대입니다. 이 금액 내에서 부탁드릴 수 없을까요?"라고 제시하는 방법도 있어요.

⋮

누구에게도 미움받고 싶지 않아요
– 미래 자물쇠 효과

저는 정치가인데요,

반대가 많을 게 뻔한 정책이지만,

제안해야만 해요.

당장은 고통스럽겠지만…….

누구에게도

미움받고 싶지 않은

나소심 씨를 위한 문장 기술!

Rogers, T., & Bazerman, M. H. (2008), *"Future lock-in: Future implementation increases selection of 'should' choices"*, Organizational Behavior and Human Decision Processes, 106(1), pp1–20.

미래 자물쇠 효과^{Future lock-in}를 사용하면 단점이 있는 제안도 받아들여진다.

당장에 손해를 보거나, 고통스러울 것이 예상되는 변화에는 저항하기 마련입니다. 당장 일어날 일에는 먼저 이득인지 손해인지 계산을 하게 되고, 손해라면 거부감이 나타나기 때문입니다. 그러나 같은 제안이라도 현재가 아닌 미래의 변화라면 비교적 관대해진다고 합니다. 미래에 일어날 변화에는 당장의 계산보다 먼저 **윤리**와 **신조**를 바탕으로 제안이 **올바른가**를 판단할 수 있기 때문입니다.

미국 하버드대학의 공공정책 전문대학원인 케네디스쿨의 토드 로저스 교수와 같은 대학 경영대학원의 맥스 H 베이저만 교수는 이와 같은 현상을 **미래 자물쇠**라 이름 붙이고 실험으로 그 효과를 입증했습니다. 이 실험에서 연구진은 피험자에게 몇 가지 정책을 제안하며 그 정책이 실행되었을 때의 부정적인 측면과 긍정적인 측면을 알렸습니다.

[해양 어업 어획량 감축]

부정적 의견 …… 생선의 가격이 오르고 매입량이 줄어든다. 어업 종사자가 타격을 입는다.

긍정적 의견 …… 어자원의 보호로 이어져서 장래의 어업 존속에 공헌한다.

[휘발유 소비량을 줄이기 위한 가격 인상]

부정적 의견 …… 여행 등 여타의 서비스까지 비용이 증가한다. 비즈니스에도 악영향을 미친다.

긍정적 의견 …… 지구 온난화 방지에 긍정적인 영향을 미친다. 해외 자원 의존을 줄일 수 있다.

그리고 각각의 정책에 '다음 달에 실시하는 경우'와 '4년 후에 실시하는 경우'로 나누고 '지지한다', '지지하지 않는다'를 (+4)부터 (−4)까지 8단계로 평가받았습니다. 결과는 어땠을까요? 두 정책 모두 다음 달에 실시하는 경우의 지지는 매우 낮았고, 4년 후에 실시하는 경우는 큰 폭으로 긍정적 평가를 보였습니다. 상상한 그대로의 결과입니다.

저축 계획이나 정기 운동 등 개인적인 계획에 관해 실험해도 결과는 같았습니다. 지금 당장 시작하는 것은 거부감이 들지만, 저축 계획은 2년 후, 운동은 반년 후부터라면 '하고 싶다'라고 대답한 사람이 많았습니다.

🐑 나소심 씨, 이렇게 활용해보면 어떨까요?

현재의 자신과 미래의 자신이 마치 다른 사람이라고 생각하나 봐요. 나소심 씨도 단점이 있는 정책에 동의를 얻고 싶다면, 실시 시기를 조금 늦춰서 제안하는 방법도 고려해보세요. 단기적으로는 손해 보는 것을 인정하고, 장기적으로는 이득인 긍정적인 면을 호소하는 거죠. 시민의 미래에 안전장치를 하는 작전! 잘 되길 바라요.

마치며

마지막까지 읽어주셔서 감사합니다. 어떠셨나요? 이 책이 소심한 당신의 인생에 도움이 된다면 저자로서 참 기쁠 겁니다.

"가와카미 씨, 학술 논문 등으로 과학적 근거가 있는 문장술 책을 써보지 않으시겠어요?"

그렇게 편집자 I 씨에게서 의뢰를 받아 집필을 시작했습니다. 듣자마자 '꼭 하고 싶다!'라는 마음이 샘솟았는데, 대학 시절의 학술 논문 마니아였던 제 모습이 떠올랐기 때문입니다.

저는 비교행동학 연구실에서 일본원숭이의 생태 연구를 했었는데, 영장류의 답사 학술 논문은 물론이고, 당시 화제였던 사회생물학 등의 논문까지 섭렵했습니다. 인터넷도 없었던 때라 도서관에 틀어박혀 학술 잡지를 뒤지고, 원하는 것이 없으면 다른 대학 도서관에 신청해 사본으로 갖는 등 아주 성실히 모았습니다.

이유는 모르겠지만 정말 재밌는 작업이었습니다. 학생은 물론 교수도 갖지 못한 논문을 모을 때는 특히나 기뻤습니다. 무려 종이 상자 여러 개 분량이었는데, 매달 복사비가 월세를 초과하는 정도였습니다. 하지만 대학을 졸업하고 광고 회사에 취직하며 박스들을 버리게 됐고, 논문도 일절 거들떠보는 일이 없어졌습니다.

최근 몇 년 들어서야 행동경제학과 사회심리학 분야에 흥미를 강하게 갖게 됐는데, 전문인 카피라이팅이나 마케팅 분야에서도 응용할 지식이 많다고 느꼈기 때문입니다. 언젠가 최신 연구들까지 조사하고 싶었던 찰나에 집필 의뢰가 들어왔으니 좋을 수밖에 없었습니다.

염려했던 점이라면, 이제는 연구자도 아닌 내가 최신 논문을 모을 수 있을까? 하는 불안감이었습니다. 일단 조사해보니 괜한 걱정이었습니다. 인터넷 만세! 학술 논문을 읽는 데 아주 꿈 같은 환경이 조성돼 있었습니다. 다시 한번 이런 계기를 만들어 주신 편집자 I 씨에게 감사를 전합니다.

처음에는 '과학적 근거가 있는 문장술'이었던 기획이 I 씨와의 열띤 토론 끝에 '고양이가 가르치는 문장 교실'이 되었습니다. 결과적으로 아주 읽기 쉬운 책이 되었다고 자화자찬하고 싶습니다.

언젠가 독자 여러분들과 또 만날 수 있길 바라며.

가와카미 데쓰야

참고 문헌

David Halpern, 『Inside the Nudge Unit: How small changes can make a big difference』, Kindle(English Edition), 2019.

Chip Heath, Dan Heath, 『Made to Stick: Why some ideas take hold and others come unstuck』, Kindle(English 1st Edition), 2007.

Robert B. Cialdini, 『影響力の武器[第三版]: なぜ、人は動かされるのか』, 社会行動研究会(訳), 誠信書房, 2014.

Noah J. Goldstein, Steve J. Martin, Robert B. Cialdini, 『影響力の武器 実践編[第二版]「イエス!」を引き出す60の秘訣』, 安藤 清志(訳), 誠信書房, 2019.

Steve J. Martin, Noah J. Goldstein, Robert B. Cialdini, 『影響力の武器 戦略編: 小さな工夫が生み出す大きな効果』, 安藤 清志(訳), 誠信書房, 2016.

Robert B. Cialdini, 『PRE-SUASION: 影響力と説得のための革命的瞬間』, 安藤 清志(訳), 誠信書房, 2017.

Iris Bohnet, 『WORK DESIGN: 行動経済学でジェンダー格差を克服する』, 池村 千秋(訳), NTT出版, 2018.

Chip Heath, Dan Heath, 『アイデアのちから』, 飯岡 美紀(訳), 日経BP, 2008.

Richard H. Thaler, Cass R. Sunstein, 『実践 行動経済学』, 遠藤 真美(訳), 日経BP, 2009.

山根 承子, 黒川 博文, 佐々木 周作, 高阪 勇毅, 『今日から使える行動経済学(スッキリわかる!)』, ナツメ社, 2019.

Dan Ariely, 『予想どおりに不合理: 行動経済学が明かす「あなたがそれを選ぶわけ」』, 熊谷 淳子(訳), ハヤカワ・ノンフィクション文庫, 2010.

Uri Gneezy, John A. List, 『その問題、経済学で解決できます』, 望月 衛(訳), 東洋経済新報社, 2014.

Heidi Grant Halvorson, 『人に頼む技術 コロンビア大学の嫌な顔されずに人を動かす科学』, 児島修(訳), 徳間書店, 2019.

Jonah Berger, 『インビジブル・インフルエンス 決断させる力』, 吉井 智津(訳), 東洋館出版社, 2016.

内藤 誼人, 『人も自分も操れる！暗示大全』, すばる舎, 2019.

内藤 誼人, 『心理学者が教える 思いどおりに人を動かすブラック文章術』, あさ出版, 2019.

内藤 誼人, 『人は暗示で9割動く!』, だいわ文庫, 2018.

内藤 誼人, 『人は「心理9割」で動く ～ 思いのままに心を奪う「心理学の法則」』, ぱる出版, 2016.

今井 芳昭, 『説得力―社会心理学からのアプローチ(新世ライブラリLife&Society 1)』, 新世社, 2018.

今井 芳昭, 『依頼と説得の心理学―人は他者にどう影響を与えるか(セレクション社会心理学)』, サイエンス社, 2006.

대담하게 사는 데 필요한 46가지 문장의 기술

"소 심 해 도
괜 찮 아"

1판 1쇄 발행   2021년 05월 27일

저   자 | 가와카미 데쓰야
역   자 | 최서희
발 행 인 | 김길수
발 행 처 | ㈜영진닷컴
주   소 | (우)08507 서울특별시 금천구 가산디지털1로 128
           STX-V타워 4층 401호
등   록 | 2007. 4. 27. 제16-4189

©2021. ㈜영진닷컴

ISBN | 978-89-314-6344-6

이 책에 실린 내용의 무단 전재 및 무단 복제를 금합니다.
파본이나 잘못된 도서는 구입하신 곳에서 교환해 드립니다.

YoungJin.com Y.
영진닷컴

영진닷컴 단행본 도서

영진닷컴에서는 눈과 입이 즐거워지는 요리 분야의 도서,
평범한 일상에 소소한 행복을 주는 취미 분야의 도서,
감각적이고 트렌디한 예술 분야의 도서를 출간하고 있습니다.

> 요리 <

치즈메이커

모건 맥글린 | 24,000원
224쪽

**와인 폴리
: 매그넘 에디션**

Madeline Puckette, Justin Hammack
30,000원 | 320쪽

맥주 스타일 사전
2nd Edition

김만제 | 25,000원
456쪽

황지희의 황금 레시피

황지희 | 13,000원
216쪽

> 취미 <

**기분이 좋아지는
오늘의 입욕제**

소크아트 | 16,000원
208쪽

**손흥민
월드와이드 팬북**

에이드리안 베즐리 | 12,000원
64쪽

**라탄으로 만드는
감성 소품**

김수현 | 17,000원
268쪽

**사부작 사부작
에뚜알의 핸드메이드**

에뚜알 | 13,000원
144쪽

> 예술 <

**러블리 소녀
컬러링 북 with 비비노스**

비비노스 | 15,000원
152쪽

**수수한
아이패드 드로잉**

수수진 | 17,000원
192쪽

**그림 속 여자가
말하다**

이정아 | 17,000원
344쪽

**예술가들이 사랑한
컬러의 역사**
CHROMATOPIA

데이비드 콜즈 | 23,000원
240쪽